历史学专业课程思政的
实施路径与策略研究

韩周敬 主编

富霞 副主编

暨南大学出版社
JINAN UNIVERSITY PRESS

中国·广州

图书在版编目（CIP）数据

历史学专业课程思政的实施路径与策略研究/韩周敬主编；富霞副主编. —广州：暨南大学出版社，2023.10
ISBN 978 - 7 - 5668 - 3774 - 5

Ⅰ. ①历…　Ⅱ. ①韩…②富…　Ⅲ. ①高等学校—思想政治教育—教学研究—中国　Ⅳ. ①G641

中国国家版本馆 CIP 数据核字（2023）第 177085 号

历史学专业课程思政的实施路径与策略研究
LISHIXUE ZHUANYE KECHENG SIZHENG DE SHISHI LUJING YU CELÜE YANJIU

主　编：韩周敬　副主编：富　霞
···

出 版 人：张晋升
责任编辑：曾小利
责任校对：张　钊
责任印制：周一丹　郑玉婷

出版发行：暨南大学出版社（511443）
电　　话：总编室（8620）37332601
　　　　　营销部（8620）37332680　37332681　37332682　37332683
传　　真：（8620）37332660（办公室）　37332684（营销部）
网　　址：http://www.jnupress.com
排　　版：广州尚文数码科技有限公司
印　　刷：广州市友盛彩印有限公司
开　　本：787mm×960mm　1/16
印　　张：13
字　　数：220 千
版　　次：2023 年 10 月第 1 版
印　　次：2023 年 10 月第 1 次
定　　价：66.00 元

前　言

　　广西民族大学历史学专业遵循教育部印发的《高等学校课程思政建设指导纲要》(教高〔2020〕3号）的要求，在本专业本科生与硕士生的培养过程中，深入开展唯物史观教育，充分发挥史学知古鉴今、资政育人的作用，引导学生从理论与实践、传统与现代、中国与世界三重维度深刻认识中华优秀传统文化，理解红色革命文化，建立社会主义文化自信。

　　2021年7月历史学专业入选广西民族大学课程思政示范团队后，从三个方面开展深入建设：①坚持"以本为本"，以本科师范专业认证为契机，严格根据一流专业指标要求，切实加强教学团队建设，进一步完善现有的专业实验室配置，健全历史学专业图书资料储备，编纂出版地方特色教材和教辅书籍。②优化"课堂+社会+工作坊"实践教学模式，充分发挥党建引领作用，大力加强专业思政建设，强化学生的实践教学能力，培养德才兼备、一专多能、面向基层的人才。③以"新文科"建设为导向，深化专业教学改革，根据形势调整课程设置，推进信息技术与教学过程的融合，建设线上线下融合课程和虚拟仿真课程，以现有的多门国家级和省级一流本科课程为样板，积极推动课程体系的跨越升级。

　　经过近两年的建设，历史学专业打造了一支党建引领下的课程思政教学队伍，改革了课程思政实施制度，优化了课程思政组织架构。团队成员以专业思政理念为统摄，研究制订课程思政教学实施方案；以各自课程为依托，深入挖掘思政元素，探索多元多维的教学方式；坚持新文科+专业思政+OBE理念，以"三性""四途"为具体抓手；打造"稽古壮游"专业思政品牌，在思政沙龙、专业研学、定制服务方面健行有得。团队注意课程思政教学评价体系建设，建立备课＋听课＋评课的全过程观测坐标，在师生中"大兴调查研究之风"，以多维经验来反推教学效度提升，已取得较为丰硕的成果，在专业建设、课程优化、教学改革、教辅出版、教学竞赛、在线课程、教师荣誉方面均有斩获。

课程思政建设任重而道远，对它的探讨永远是未完成时。本书是对本专业课程思政建设经验的阶段性总结，其中所收录的 17 篇论文，只是结合广西民族大学历史学专业的具体情况，因时随势而进行的尚不成熟的思考。书中由教师撰写的文章共 11 篇，聚焦于专业思政和具体课程的思政教育实施；由硕士研究生撰写的文章共 6 篇，主要对中学历史中的课程思政教学进行探讨。本书出版后将用于历史学本科师范生和学科教学（历史）专业硕士研究生的培养。受学力所限，书中不免存在一些不尽如人意之处，还望读者多多指正。

最后，广西民族大学一流本科专业建设经费支持了本书的出版，暨南大学出版社的编辑也尽心给予帮助，我们在此谨致谢忱。

韩周敬

2023 年 7 月 9 日于南宁

目　录

历史学专业思政的建设经验与未来方向[*]

韩周敬^{**}

高校的课程思政建设正在向纵深化、系统化、高阶化的方向发展，因而面临着此前预见不足的新情况，如不同课程的思政活动难以有效联动，课程思政与专业培养的耦合度较低，课程思政的讲授与实践维度失衡，学生对实施效果的整体满意度不高，等等。因此，专业思政的建设被顺理成章地提上日程。广西民族大学历史系在多年的课程思政建设中，较早地认识到了专业思政建设的必要性，探索出了一套特色与效度并具的活动方法。本文将从历史学课程思政的悬鹄与路径、历史学课程思政向专业思政的转化逻辑、历史学专业思政的建设经验与未来方向三方面，对我系的专业思政特色活动进行总结，并在此基础上规划今后的建设方向。

一、三性与四途：历史学课程思政的悬鹄与路径

课程思政并非以课程为本，而是以"人"为本，课程只是一个实施架构。将以"人"为本等同于以"人才"为本，造成了长时间以来教育实践的巨大偏差。教育将"育人"之"人"狭隘地理解为"人才"，而"人才"是可以被清晰界定的，于是从科目设置、教育过程到教育测量，都带上了浓厚的功利色彩。"人"的概念当然是不可限定的，因为它赖以生发的历史传统与经验环境无比复杂，没有任何一种概念可以将它界定圆满。

* 本文为广西民族大学 2022 年研究生课程思政建设项目"中国与东南亚交流史"（项目编号：gxun - yks202203）的阶段性成果之一。
** 韩周敬，广西民族大学民族学与社会学学院历史系副教授。

但就"人"可能的最优生活状态而言，鲜活的思维、丰沛的情感、自由的灵魂、幸福的渴望、健康的体魄无疑是不可或缺的。以此五维为评价基点可知，高校在培养"人才"方面成就显著，但就培养"人"而言，当下课堂的教育作用微乎其微。在此方面，吕寿伟的表述更为激进："教育要么塑造奴化的人，要么培养神化的人，要么生产物化的人，从而使教育成为'目中无人'的教育。"①

目前的课程体系对培养"人"而言并不友好。我们总在说学生"一代不如一代"，但每代人最终都长成了"人"，这应主要归功于社会教化与反躬自省，而非学校的课程教育。现今的高校教育体系受到的诟病日益严重，其中相当一部分都来源于毕业生在长久磨折中回望学校教育时所产生的惶惑感：对他们而言，学校只教会了一隅之得的知识，而能够达成理想生活的其他维度尽皆缺失，于是他们成为维特根斯坦口中的"瓶里的苍蝇"，而非无限可能的"人"。多年以前，钱穆先生在谈及新亚书院的教育方法时就曾对此预警，认为中国宋代的书院教育是以人物为中心的，现代的大学教育是以课程为中心的。我们书院精神是以各门课程来完成以人物为中心的，是以人物为中心来传授各门课程的。

当然，把五维的缺失全部归咎于学校，未免过于求全责备。如果说健全"人"格的培养是一个函数，那么学校教育只是其中一个变量，家庭教育的作用也是不容忽视甚至更为重要的。一般而言，"家是温暖港湾"，但在现实生活中亦有可能是消极情绪与行为以暴力形式进行循环释放的场所。彼得·拉斯利特则认为在前现代时期的世界，"人类中更可怕的暴君、杀人犯和恶棍是嫉妒的丈夫、怨恨的妻子、控制欲强的父母和缺乏教养的孩子……男人、女人和孩子必须长期非常紧密地生活在一起，才能产生情感力量，使得索福克勒斯、莎士比亚或拉辛的那些悲剧作品得以问世"②。在我国过去数十年的快速发展历程中，时代要求、社会环境和学生学情都已剧烈变化，大量的留守儿童在成长过程中难以体味到正常的家庭关怀，使他们的共情能力、结构识觉都大为受限。这已经成为育"人"的先天不

---

① 吕寿伟. 成物、成人与成己：教育学的立场与变迁 [J]. 教育理论与实践，2014 (34)：7.

② 段义孚. 人文主义地理学：对于意义的个体追寻 [M]. 宋秀葵，陈金凤，张盼盼，译. 上海：上海译文出版社，2020：40.

足，因此教师在运用"唇舌的授权"① 时应更加细致与慎重。

回归学校的育"人"本位，将立德树"人"设为课程思政的基本要求（而非最高要求），将对当前课程思政的实施路径提出挑战。毋庸讳言的是，尽管课程思政已在国内实施多年，但从效度上来说却日渐乏力。这一方面与教师的源动力不足有关，另一方面受制于教师对课程思政的认知局限。教师对课程思政的理解往往较为狭隘，想当然地认为把家国情怀、唯物史观、红色文化、时政热点等元素融入课堂教学，就等于完成了课程思政。实际上，课程思政在纯粹的元素灌输之外，还有广阔的操作阈域：首先，上好一门课本身就是一种思政，无论是否融入热门的、共认的思政元素，这体现了课程的专业本位性；其次，课程思政应着眼于培育学生的综合素养，而非简单的知识传递，这意味着课程应该具有通识性；最后，课程思政的形式并非只有在教室里讲授，课堂可以在任何一个时空展开，这使有限的课程具备了无限性。扭转我们对课程思政的狭隘认知，从专业本位性、素养通识性、时空无限性去重新建立理解坐标系，将会为我们的教学实践注入新的活力。

从深层次来看，以上三性的习得内在地要求"教育"应向"教化"转变，那么我们在具体的课程中应该如何去做呢？笔者认为应该注重以下四途：

第一，重思想技术。教育分科本来只是获取思想、到达真理的一种途径，现在被普遍当成了思想和真理本身。即便一个学科的理论和学说再系统完整，在由无数个学科拼接成的海洋里，也只是一点微光。执着于一点微光而忽略了大地上的事情，将使微光变得无意义。没有人文就很难忠实地表达自我，反而沦落为一种遮蔽自己的工具，于是人们说得越多，自我埋葬就越深。

罗素说历史"能让人们超越日常生活，在思想和情感上成为一个更大宇宙的公民"，缺乏思想技术，就不能突破当下的局限，而永远被囚禁于琐屑、概念、语言编织而成的牢笼中。赵汀阳则主张："史学的眼光也必须是一种落实为思想技术的眼光，而不能只是把事件和背景讲成个故事，

---

① 张文质. 唇舌的授权：张文质教育随笔［M］. 福州：福建教育出版社，2009.

再加一些个人价值评价。这只是市井之见。"①不少教师在教学过程中存在这种看法：学生的思维能力较低，所以在教学时不应讲艰涩的理论，而应该供给那些易于消化的知识。这种看法固然贴心，但令人难以认同。知识与观念本就是以互蕴缠绕的形式而存在的，观念的生产并不比知识的生产更高级，因此也不存在从低阶到高阶的艰难进化。在史学领域中几乎不存在不包含观念的知识，这使得在讲授知识的同时传达观念成为一种逻辑必然。至于老师们对学生理解力不足的疑虑，毋宁说是一种技术问题，其解决方法是：不要因为高深就避而不谈，应致力于将高深的东西通俗化。这构成了对教师职业能力的考验。

第二，重感觉温养。当前学生的知识来源以读书、目视、耳闻等间接渠道为主，与"行万里路""绝知此事要躬行"相比，固然是便捷的途径。但不可否认的是，一些有益于温养性情、涵化人心的东西，在习以为常、不着痕迹地遗失。刘华杰曾言："（科技）让人们忘却、远离活生生的大自然和普通的日常世界。现代的自然科学及其技术，已经变得越来越不自然。"② 人们嵌套在"文明"的深层结构中，不可自拔地成为一个分子，越来越缺乏与自然万物对谈的能力。对此，段义孚曾表达了他的忧虑：

生活中可悲的失败是我们忽略了感官所提供的东西。学校教我们如何运用心灵，却忽略了听觉和视觉以外的感觉。这使我们在课堂上了解的世界，基本上是抽象的呆板的——也许令人着迷，但并不可爱；若不可爱，那么人有什么兴趣去关心和保护它呢？这不能完全怪学校，因为学校忙于开发心智。激活感官不同于激活心灵，不需要同等程度的教导，需要的是定期被提醒我们感官的力量。对感官力的严重剥夺本身便是一种有效的提醒。③

"现在"就是一种感觉概念，学校教育忽略"感觉"意味着忽略"现

---

① 赵汀阳. 直观：赵汀阳学术自选集［M］. 福州：福建教育出版社，2000：371.
② 刘华杰. 博物人生［M］. 北京：北京大学出版社，2016：35.
③ 段义孚. 人文主义地理学：对于意义的个体追寻［M］. 宋秀葵，陈金凤，张盼盼，译. 上海：上海译文出版社，2020：140.

在"，所以学生总是在被未来支配着前行，最终化身为千篇一律的"职业人"。历史学课程思政的目的是为学生点燃一盏"无尽灯"，如果每个人都是完满自足的个体，那所有个体就是彼此烛照、交互引燃的整体：我相信你，因为我相信自己；我相信自己，所以我相信你。这种思想事实的达成，才是"和而不同""交流互鉴"理念的真正落实。

第三，重为己而学。现代教育具有日益明显的工具主义倾向，它荷载的不只是教学本身，还有政治、社会功能。教育具备工具性是可以理解的，但沦为工具主义就偏离了真正的方向。工具主义的教育必然走向标准化、程式化、密集化的设计。孔子曰："君子不器。"但"现在几乎是人人自器。孔子不希望把人培养成某一方面的器具，而我们现在争着把自己塑造成某一种器具"①。如此语境下的所谓培养成"人"，其实成的是"人我""众我"，而非自我。每个人都是集体意志的一个显像，就像一个超级主机连接的无数屏幕一样。

在具体的课程实践中，教师要主动激发学生的"为己"自觉。《论语·宪问》言："古之学者为己，今之学者为人。"《论语集解》载孔安国解经之语："为己，履而行之；为人，徒能言。"《荀子·劝学》："君子之学也，以美其身；小人之学也，以为禽犊。"《大学》提倡自我—家—国—天下的修身路径。这种四阶一贯、双向循环复制的观念在当代也是值得重新追寻的，"为己"并不排斥为家、为国、为天下。当前课程思政的主流仍是宏大叙事，启发学生探寻自我与家、国、天下的连接，进而建构一个内蕴家国天下的自我，是拒绝思政悬浮的切实落地之举。

第四，重行动教育。当下的课程思政教育更多的是坐而论道，而非崇实健行，这反映出了此类实践的一个危险特点，即说大于做。说大于做之所以危险，不只是因为多说少做于事无补、容易落空，还因为它违反了存在的基本逻辑：我行故我在（facio ergo sum）②。在赵汀阳看来，我们现在通常使用的哲学框架是西方哲学的，西方哲学像科学一样追求"理论"（theoria）。理论就是追求某种解释（知识性的或批评性的），简单地说，

---

① 刘华杰. 博物人生 [M]. 北京：北京大学出版社，2016：32.

② 赵汀阳在反思笛卡尔"我思故我在"的基础上提出了这个观点，见赵汀阳. 第一哲学的支点 [M]. 北京：生活·读书·新知三联书店，2017：229.

就是去"说"事情，而不是去"做"事情①。东方哲学则主张做大于说，无论是《周易》的"天行健"、孔子的"用之则行"、孟子的"行天下之大道"还是朱熹的格物致知，都主张身体力行。这种观点在王阳明的知行合一论中达到了高峰。在他看来"知"就是"行"，"行"从"知"就已开始，"行"所针对的问题必定是实际存在的问题，而"知"有可能在讨论纯属假设的问题，所以不能空谈心性，而要说出一个可能行之有效的做法，用现在的说法是要提出真正的问题并尝试去解答它。他认为指出某种东西是错的固然可喜，但指出一种东西是错的不必然证明自身是对的，"指出"这个行动本身也不会使坏东西变好。如果说不出做法则不如不说，否则就只有破坏而没有建设。这与马克思主义哲学重视实践的主张不谋而合。

重行动教育还要警惕胡乱作为。目前教育的计划性特点越来越突出，管理部门每天做的就是制定指标、发放指标、要求执行指标，至于是不是所有学科都可以被量化、都需要被量化，甚至教育本身能否用量化指标来评价，都较少讨论。量化预设了一个前提，即数字是对的，没有数字就没有计划，计划是为了产生数字。在这种情形之下，即便计划本身已经完美，其实也很难说有多大的意义。我们要树立这样的认知：实施课程思政的目的，不是为了迎合某种文件要求，行动本身就是我们当前存在的方式，而当前存在的意义就是为了继续存在，因此课程思政不是可以被选择做或不做的，而是必须去做的。这种认知在教师意识中的渗透，有助于促进课程思政的实施。

二、整合与反哺：历史学课程思政向专业思政的转化逻辑

以三性为悬鹄、以四途为路径而进行的课程思政建设，只靠单门课程本身是无法有效实施的。因为课程只是思政教学的最小单位，它固然可以体现专业本位性，但受限于课程本身的内容、目标、教学安排、经费供给等因素，终究难以实现课程思政的素养通识性和时空无限性。虽

---

① 赵汀阳. 一个或所有问题 [M]. 南昌：江西教育出版社，1998：45.

然同属于史学门类，但不同的课程之间实有其不可逾越的界限，如同属于大一基础课程的"中国古代史"和"世界古代史"，在知识基础、学理方法、研究取向、教学重点方面就差异很大，相应的课程思政元素的提炼、思政元素涵化的方式也就殊途"异"归。只有将课程思政转化为专业思政，再在专业思政的架构内改良课程思政，才是实现三性四途的充分必要条件。

除去呼应当下国家对专业思政建设的要求外，历史学课程思政向专业思政的转化有其内在逻辑。

一方面，课程思政必然地要求专业的干预与整合。课程是专业精神具体而微的凝结，专业是课程价值统筹升华的展现，两者是彼此交蕴的互有关系。课程应该是内涵了专业之"大"的小品，如果没有经过系统的专业层面的整合、专业理念的融注，课程很有可能变成教师自说自话的独角戏。在长期的授课习惯乃至惰性的影响下，任何一种变动都可能会引起教师情绪与行为的反攻，当前以讲授灌输为主的课程思政传递形式，就是这样的有待批判的"顽固派"。如果文化研学、交互体验、创新学习能够更深地浸润学生心智，课堂讲授这一最传统的形式也就丧失了说服力。专业整合在此时将发挥特有的作用，它将从专业建设的视野与高度，以培养方案为顶层设计，以教学大纲和教学进度表为具体抓手，对教学、研学、问学进行全方位统筹，打通各个课程之间的思想壁垒，优化相关课程的横向与纵向关联，使各自为战、"老死不相往来"的课程实现"交流互鉴"，助推学生建立综合视野和知识网络。

另一方面，专业思政应以课程思政为反哺对象。从课程思政到专业思政的转化，其立足点并非使专业思政化，而是仍以课程本身为旨归，建立内含专业性、通识性、无限性的课程思政体系。亦即是说，专业思政仍是为课程思政服务的，探索多元、鲜活、高效的思政实践途径，最终目的都是为了丰沛课程思政本身。因此，专业思政的建设应当注意三个方面：

（1）以课程为依托、有效整合师资力量。

目前的国家课程体系决定了师资是课程的附属，因人设课的局面已经一去不返，这也意味着课程成为师资发挥作用的主要舞台。教师的科研属性当然也是重要的，但当前形势下无论怎么强调科研团队的建设，科研的系属感仍取决于教师个人自觉，且教师的第一要务仍是教学，这是毫无疑问的。因此，以课程为依托去整合师资力量，通过硬性和软性措施去激发教师的积极性，成为一条必须也可行的路径。

（2）以成"人"为导向，持续激发学生动能。

成"人"的核心在于帮助学生做好创造可能生活的各种准备。可是在当前考编、考研、考证之风盛行的情况下，这种简单的理念多少显得有些不合时宜。在教学过程中，教师经常挂在嘴边的所谓"问题意识"，其实就渗透着功利色彩，对"问题意识"的强调，生发于现代社会科学以问题为本位的研究观，但不是所有学科都一定要有问题意识，也不是所有研究的动机都必须用问题来激发。在问题本位之外，我们还可有学科导向、学术导向、兴趣导向，尤其是后者最能激发学生的内生动力。教师的填鸭式作风还是要知趣地"逊位"，转而鼓励学生以兴趣为最好的导师，让学生内察自身的真正需求，自己为自己的选择"蜡炬成灰"。

（3）以政策为抓手，因势利导创造局面。

依据笔者有限的经验观察，目前学生在学习时面临的最大危机是没有足够的自由时间，"学校"等同于"闲暇"的古训已显得不合时宜。自由时间之重要，在于它可以型塑学生的更多可能，因为在课堂中大家所面临的教师、教材、教法都是同质的，学生天赋的发挥空间主要就落实在自由时间中。他们可以随心所欲地阅读、百无禁忌地追问、天南海北地行走与停驻，将散乱的所想凝成系统的所思，毕竟"密涅瓦的猫头鹰"只有在悠闲的黄昏才能拍翅起飞。我们无法改变自上而下的系统架构，但可以选择灵活利用各项刺激政策（如学校的研习周安排、对思政团队建设的重视、对思政课程比赛的要求等），因势利导地创设活动、创新方式，去制造一个对学生培养有利的局面。

三、继往与开来：历史学专业思政的建设经验与未来方向

目前我们已明确了本校历史学专业思政的目标，即遵循师范生人才培养的要求，坚持深入开展唯物史观教育，充分发挥史学知古鉴今、资政育人的作用，培养学生从理论与实践、传统与现代、中国与世界这三重维度，深刻理解习近平新时代中国特色社会主义思想；引导学生认识优秀历

史文化，理解红色革命文化，建立社会主义文化自信。

围绕这个目标，从本文所提到的三性和四途出发，广西民族大学民族学与社会学学院历史系已经开展了多项专业思政实践，积累了较为丰富的建设经验。具体来说分为三个方面：

（1）夯实教师的课程思政责任，深耕专业课程思政。

专业课程是课程思政建设的基本载体。我系坚持从人才培养目标定位出发，将课程思政教育贯穿于所有专业课程里，各门课程均有明确的课程思政教学映射点，结合专业特点和课程类别，分类推进课程思政建设，注意挖掘每一门专业课程的课程思政内容，做好课堂教学。我系还紧密响应党和国家的号召，在最新的人才培养方案里新增了"中国边疆学""广西红色文化研学""中国改革开放史专题"等专业选修课。

（2）注重对课程思政实施的党建引领。

历史学教工党支部是本校五星级党支部，历史学研究生党支部为本校四星级党支部。经过多年的培育，教工党支部已成为广西高校"双带头人"教师党支部书记工作室培育创建单位，秉承党建引领与教学科研交融的理念，党内外教师精诚合作，勇扛课程思政大旗，提高全员教师的课程思政自觉性和主动性；结合专业特色，创新课程思政新模式育人形式，引导学生增进"五个认同"，增强"四个意识"，坚定"四个自信"；构建跨支部联合活动模式，实现课程思政和专业思政的浸润式教育，有力助推学科建设和人才培养。

（3）打造"稽古壮游"专业思政实践品牌。

学思结合，知行统一，是我系团队所主张的专业思政的有效实施路径。我系素有开展课程实践教学的传统，并有意识地打造了"稽古壮游"专业思政实践品牌。"稽古"意指历史学育人目标在于学史明理、学史增信、学史崇德、学史力行；"壮游"意为读书千卷、行路万里、格物致知、知行合一。此实践品牌的打造，蕴含以八桂大地为场域、孜孜不倦访古求真的育人追求，并以此为切入点，引导学生了解国情民情，加深对习近平新时代中国特色社会主义思想的认识，自觉弘扬中华优秀传统文化、革命文化和社会主义先进文化。"稽古壮游"专业思政品牌从思政沙龙、专业研学、立身要技、为己之学、定制服务五个板块，统筹实施"课堂＋社会＋工作坊"活动（见表1）。

表1 "稽古壮游"专业思政特色实践活动一览表

活动板块	子品牌名称	活动宗旨	已办期数	备注
思政沙龙	"我和我的祖国——海外见闻"系列师生交流会	分享师生海外见闻与思考,体会新时代的伟大脉动	5	
	"谈家事·品国史"课程思政沙龙	通过交流师生的家事族史,生动展现家国变迁历程	9	
专业研学	八桂历史文化地理田野工作坊	到广西各地开展历史地理调研,把文章写在八桂大地上	16	
	"器识"文物修复与碑刻拓印	近距离感受与接触器物,体会中华文明的灿烂辉煌	12	原名"文博工坊"
立身要技	历史教育研习社	引入先进中学教育理念,带领学生提前进入教育实践场域	12	
	"无尽灯"师范技能训练班	以充足的训练量保证学生掌握基本的师范技能	4	
为己之学	"明离"史学专业读书会	在有限的时间内鼓励学生的无限阅读与深层思考	5	
	"课程树"共时研习与互哺活动	从纵向与横向角度实现不同课程的联动互通	3	
定制服务	面向南宁中小学师生的文化研学	围绕专业特色为合适人群提供高质量的社会服务	14	面向教师的报告和研习,面向学生的物质文化体验
	为各级政府部门文化建设建言献策	天下兴亡匹夫有责,为国家发展贡献力量	4	集体撰写咨政报告、编撰革命老区史

尽管我系已经积累了较为丰富的专业思政建设经验,但不足之处也是显而易见的,主要体现为三点:首先,专业顶层设计对课程的统摄力度不够。目前我们主要是通过传达文件、反复强调等形式,来促使教师在课程中融入专业思政理念。此种来自外力的刺激并非长久之计,因为这不只是

触动了系里行政力量的软肋，还是对整体组织架构的挑战。其次，课堂的时空无限性还存在更多可能。除了课堂教学外，我系主要致力于开发课外研学、课余研讨活动，但对线上教学、线上线下融合教学、虚拟仿真教学的探索力度不够。这反映了教师队伍对信息技术的作用估计不足，也是对新时代学生惯有学习方式的一种忽视。最后，对学生通识素养的培育收效较微。学生通识素养的培育是一个结构性难题：一方面是学生自身的基础教育经历较少，导致了其先天的通识不足；另一方面是高等教育的固有壁垒，导致学生难以有效建立博雅识觉。

克服以上三点不足，将会促进未来我系的专业思政建设。要想使专业思政建设行稳致远，必须从思想上使教师意识到其应然且必然性，因为专业思政并非时而消散的季风，在可以预见的将来，它都将在教育界恒久吹拂。思想共识的达成只是第一步，我们将通过具体的激励与动员，健全测评体系，完善考核评价机制，鼓励教师尝试新的教学方法，积极拥抱时代的技术红利，从而在尽全时空的维度上，实现专业思政的覆盖与渗透。同时，我们还将尝试以"中国文化史""广西红色文化研学"等课程为框架，开发具有浓厚通识性的必修课，落实现有相关课程中的通识要求，探索博物人生①、知觉研习②、社会服务③等研学形式，力求在不增加学生课业负担的前提下，催生他们对通识素养的自觉需求与灵魂饥渴。

结　语

扭转我们对课程思政的狭隘认知，从专业本位性、素养通识性、时空无限性去重新建立理解，将会为我们的教学实践注入新的活力。以上三性的习得内在地要求"教育"应向"教化"转变。在具体的课程实践中，我们应注重学生思想技术的训练、感觉体验的温养、为己而学的觉悟、知行

---

① 如研学博物学经典，与地情深度融合，在教室外体味知识和情感的自然谱系。
② 如将常识融入历史学习，以现实观照历史思考，引导学生用历史经验与智慧来尝试解决日常困惑。
③ 如训练学生的碑刻拓印、文物修复、工艺品制作技能，聘请他们充任社会研学助手；以广西民族大学民族博物馆为平台，让学生担任讲解员，在社会服务中升华自我。

合一的实践。历史学课程思政向专业思政的转化有其内在逻辑：一方面，课程思政必然地要求专业的干预与整合；另一方面，专业思政应以课程思政为反哺对象。尽管我系已经积累了较为丰富的专业思政建设经验，但仍存在不足，如何克服不足，将成为我系专业思政的未来建设方向。

边疆史地课程思政的内容及有效路径研究

——以"边疆历史地理研究"课程为中心[*]

郑维宽[**]

中国历代疆域是由境内各民族共同构建的，中国历史亦由各民族共同书写。从"五方之民"（华夏、蛮、夷、戎、狄）共天下，到"华夷一体，天下一家"，华夏族（汉族）与周边的非汉族群在长期的交往交流交融中逐渐凝聚为中华民族。习近平总书记指出："一部中国史，就是一部各民族交融汇聚成多元一体中华民族的历史，就是各民族共同缔造、发展、巩固统一的伟大祖国的历史。""多民族的大一统，各民族多元一体，是老祖宗留给我们的一笔重要财富，也是我国国家的一个重要优势。"因此，要充分认识中国历代疆域的形成和发展过程，以及历史时期中国大地上的主人，除了人们熟知的历代中原王朝和华夏族（汉族）的历史，还必须转换视角，立足边疆看中国，通过深入学习了解中国边疆发展史、边疆族群及其建立的有关政权、边疆非汉族群与内地汉族，以及边疆民族政权与中原王朝政权的互动交流等，复原全面、立体的中国镜像。"边疆历史地理研究"课程的开设，就是为了达到此目的。

一、边疆史地课程的内容

历史上中国的边疆地区即中国疆域的边缘地带。马大正综合中外各种

* 本文为广西民族大学 2021 年研究生课程思政建设项目"《边疆历史地理研究》课程思政的有效路径探究"（gxun – yks202113）的阶段性成果。
** 郑维宽，广西民族大学民族学与社会学学院教授。

文献的解释，将边疆定义为"一个国家比较边远的靠近国境的地区或地带"①。边疆有广、狭二义：广义的"边疆"是指一个政权疆域的边缘部分；狭义的"边疆"则是指拥有国境线的边境县的总和。

（一）中国边疆的内涵

中国边疆是一个内涵十分丰富的区域，在地理、政治、军事、经济、文化等方面都具有不同于内地的特点。

一是地理边疆。边疆首先是一个地理概念，中国的边疆包括陆疆和海疆两大部分。其中，陆疆是指沿国界内侧有一定宽度的地区，其内涵包括：一是要有与邻国相接的国界线；二是要具有自然、历史、文化等方面的自身特点。当代中国的陆疆包括黑龙江、吉林、辽宁、内蒙古、甘肃、新疆、西藏、云南、广西9个省区。海疆是指一个国家的海上疆界，海疆往往包含两大部分：一是大陆海岸线至领海基线之间的海疆，这是一个国家的内海；二是领海基线以外国家管辖的海域与岛屿。中国的海疆从鸭绿江口到曾母暗沙，南北长约4 000千米，东西宽700～1 600千米，面积约470万平方千米，其中岛屿有7 100多个。中国陆地周边的海洋，除了渤海这个内海，还有黄海、东海、南海，因此中国的海疆可以划分为黄海海疆、东海海疆、南海海疆三大部分。

二是政治边疆。边疆具有政治属性，从某种意义上说，历史上的中国边疆在形式上是从国家政权的统治中心区向域外过渡的区域，即由治向不治过渡的特定区域。历代中原王朝政权对边疆地区的统治方式大致表现为两种形态：一种形态是实行中央集权的统治，包括政治上的直接管控和军事管制；另一种形态则是实行高度的地方自治。在上述两种形态中，"以其故俗治"的自治形态是历代中原王朝治理边疆地区的主要形式，从秦汉时期郡县制下的地方自治，到魏晋南北朝时期的左州左郡左县制，再到唐宋时期的羁縻制和元明清时期的土司制，都是这种自治形态的具体表现。

三是军事边疆。边疆在一个国家对外军事防御方面具有重要意义，传统时代的边疆作为国家的边防前沿，承担着"御外"的使命，因此在军事战略上的地位十分重要。

---

① 马大正. 中国边疆经略史 [M]. 武汉：武汉大学出版社，2013：797.

四是经济边疆。边疆地区由于其自然地理环境和人文面貌、社会发展等方面的特殊性，在经济类型和发展水平上往往与内地相比存在着较大的差别，自成一片较为特殊的区域。

五是文化边疆。中国边疆地区往往又是民族地区，分布着大量的非汉族群，形成了不同的生计方式，包括南部边疆非汉族群的农耕方式、西南边疆山地族群农耕与畜牧兼营的方式、北部边疆非汉族群的游牧方式等，由此呈现出多元的文化面貌，产生了不同于中原内地的文化类型。

此外，近年来还出现了"生态边疆"的概念，这是在新的时代背景下对边疆在生态环境建设和跨国生态环境协调保护方面的作用的新认识。

概言之，边疆是一个综合性的概念，包含地理、政治、军事、经济、文化、生态等方面的内涵。只有综合考虑上述各方面的因素，才能对边疆形成客观、全面的正确认识。

（二）中国边疆的发展历程

1. 先秦时期"一点四方"格局下的"中国"及其边缘

中国早期的族群观和国家观，呈现出较为明显的华夏族中心观和"中国"中心意识，在空间上可概括为"一点四方"格局①。在华夏族中心观的影响下，华夏族在黄河流域建立的诸国被称为"中国"，意即中央之国、中心之国。先秦时期，"内夏外夷"观念的形成与"中国"的拓展密切相关。据《左传》记载："定公十年（公元前500年），孔子曰：裔（通'夷'）不谋夏，夷不乱华。"孔子认为华夏族应居住在"内地中心地带"（即"中国"），而夷人应分布于"外部边缘地带"。在华夏族及其建立的"中国"的四周，则是华夏族的邻居及蛮夷戎狄之国。随着"中国"政权从城邦国家向地域性王国及帝国的演进，这些华夏族的邻居与华夏族之间的交往交流日益增强，许多非华夏族群最终被纳入多民族国家的发展轨道，成为"中国"的边疆族群，而他们建立的蛮夷戎狄之国，有些为华夏

---

① "一点四方"中的"一点"是指华夏族，主要分布于黄河中下游流域，"四方"即华夏族四邻的东夷、西戎、南蛮、北狄。随着华夏族的拓展，东夷最先与华夏族融合，因此在秦汉以后的历史进程中，中国边疆的非汉族群主要包括南蛮、北狄、西戎。秦汉以来的文献也将王朝南部边缘地带的"蛮"称为"蛮夷"，比如司马迁在《史记》中就将西南边疆地区的非汉族群称为"西南夷"。

族政权所灭，有些则称臣纳贡。比如夏、商、西周时期，三朝疆域的边缘还分布着许多部落和方国。战国时期各诸侯国的兼并扩张，使得周边的部落和方国大量减少，各诸侯国的边界逐渐清晰，为秦灭东方六国后统一边疆的形成奠定了基础。

2. 秦代中国疆域"核心—边缘"格局的确立

从自然地理区划来看，我国的领陆一般被划分为 3 个大自然区，即东部季风区、西北干旱区、青藏高寒区。其中东部季风区气候温暖湿润，适宜农耕经济的发展，成为中华农耕文明较早发祥之地，也是早期国家产生的重要地带。秦灭东方六国，建立中国历史上第一个统一的多民族国家，其疆域的核心区就与东部季风区相吻合。秦朝疆域的北部大致以长城为界，而长城是季风区与半湿润半干旱区、农耕区与游牧区的分界线；西部疆界抵达今甘肃临洮，也是处于季风区与西北干旱区和青藏高寒、农耕区与游牧区的交界地带。有秦一代，其北部、西部疆界与季风区界线大体一致，表明秦代中国农业区的西界、北界已经达到极致；东部、东南部疆界到达海滨，也已至极限；南部疆界到达象郡北向户（今越南北部）；西南疆界则到达云贵高原东部、北部边缘。可以说，秦朝的疆域基本上涵盖了中国东部季风区适宜农耕的地带。而其边缘地带，则是秦代的边疆区，包括北部匈奴分布区、南部越人分布区、西南部的蛮夷分布区、西北部的羌人和月氏诸部分布区、东北部的东胡人分布区。而此后中原王朝对边地的开拓，就集中在上述诸方向。

3. 汉唐型帝国模式下中国边疆的拓展与"华夷同轨"

汉唐型帝国模式下的中国源于秦朝建立的中国历史上第一个统一的多民族国家，并在此基础上向东北、西北、西南等方向拓展。其中，汉朝东北疆界到达今朝鲜半岛北部，西部疆界到达今巴尔喀什湖畔（今哈萨克斯坦境内），北部疆界到达阴山，南部疆界至今海南和越南中北部，西南疆界至今中缅边境；唐朝的疆域更为广阔，除了西南方向因为南诏国的建立而出现收缩，其他方向都有一定程度的扩展，其北界到达今俄罗斯境内的贝加尔湖，西界至今巴尔喀什湖和咸海（今哈萨克斯坦与乌兹别克斯坦交界处），东界至今朝鲜半岛中部，南界至今越南中部和海南岛。

伴随着汉唐王朝对边疆的开拓进程，汉文明也向边疆地区传播，最终实现"华夷同轨"的目标。汉唐型帝国模式下的国家治理目标，集中体现为以汉语、汉文、儒家伦理为构成要件的汉文明对国家版图内各地的全覆盖，反映出汉唐统治者的汉文明中心观①。即使是处于汉唐之间的北方游牧民族入主中原建立的政权，也深受汉文明的熏陶与影响。比如北朝时期是中国核心区（中原地区）各族群交融的第一个重要时期，经过各族群的交往、交流与交融，中原地区的胡、汉族群最终融合形成了后来的唐人。

汉朝、唐朝的统一和开拓促进了中华民族凝聚核心"汉人""唐人"群体的扩大，并加强了对周边非汉族群的辐射影响。"汉人""唐人"成为中华民族的一个历史符号，其影响一直延续至今。唐朝前期，随着北方游牧民族的内迁，形成了"而今胡越是一家"的景象，唐太宗李世民为此说道："自古皆贵中华，贱夷狄，朕独爱之如一，故其种落皆依朕如父母。"②唐人程晏在《内夷檄》中说："四夷之民长有重译而至，慕中华之仁义忠信，虽身出异域，能驰心于华，吾不谓之夷矣。"③

4. 宋辽夏金时期内地与边疆交流的加深和中华意识的增强

相比于汉唐两朝，宋朝的疆域基本上在所有方向上都大为收缩，因为此时北部边疆兴起了辽、夏、金等少数民族政权，南部边疆不仅兴起了大理政权，而且随着交趾的独立，自秦代以来今越南中北部隶属中原王朝管辖的时代正式宣告结束。北宋的疆域北界至今河北中部，西界至今青海、甘肃交界处，西南疆界至大渡河④，南界至今中越交界处。南宋的疆域更为局促，北部边界仅至秦岭—淮河一线，黄河流域则为金国所控制。

虽然宋朝的疆域空前局促，但是宋朝统治者却一直抱持着恢复汉唐旧疆的理想，除了因尝试恢复汉唐旧疆而与周边民族政权爆发过战争，更多时间则与辽、金等政权保持着交往、会盟的关系，从而使宋辽夏金时期成为历史上中国境内各族群交融的又一个重要时期。许多契丹、党项、女真人在进入中原腹地后，最终与汉人融为一体。而契丹、女真人将自己建立的辽、金政权也称为"中华"或"中国"。契丹人认为"华夷懂礼即为中国"，女真人认为中国包括金、辽、宋三部分，体现出"多元一体"的中

---

① 姚大力. 边疆史地十讲［M］. 上海：复旦大学出版社，2022：172.

② （宋）司马光. 资治通鉴·卷一百九十八·唐纪十四［M］.

③ （清）董浩，等. 全唐文·卷八百一十二［M］. 北京：中华书局，1983.

④ "宋太祖挥玉斧"在大渡河与大理国划界的传说，实际上反映了宋朝无力恢复在云贵高原统治的事实。

国观。宋、辽、金统治者的"大中国"观念，反映出他们已经具有自觉的中华民族共同体意识。

5. 元清型北亚边疆帝国模式下中国边疆的新结构与"华夷一家"

元清型北亚边疆帝国模式是从汉唐型帝国模式发展而来的，它萌芽于辽，发育于金，定型于元，成熟发达于清。雍正帝说："中国之一统始于秦，塞外之一统始于元，而极盛于本朝。"这里的"中国"是指汉唐型帝国模式下奠基于秦朝的"小中国"，而元清型北亚边疆帝国模式下的中国则是指"大中国"，"大中国"的疆域主要包括"小中国"和"塞外"。元朝的疆域除了汉唐型帝国的核心地域外，还包括蒙古人分布的北亚广袤地域，以及宣政院管辖的吐蕃地区。清朝的疆域除了内地十八省和从汉唐体制继承而来的土司地区，还包括理藩院管辖的满、蒙、藏、回等族分布的地区。理藩院要管理的事务很多，包括旗界、封爵、设官、户口、耕牧、赋税、兵刑、交通、会盟、朝贡、贸易、宗教等，体现的正是一个国家在其疆域内履行的主权职能。清朝对外藩等部的治理不是源自汉唐型帝国模式，而是出自一个北亚边疆帝国的新架构。① 李怀印认为，清朝入关后，不仅继承了明朝的疆域，而且通过开疆扩土，将满人、蒙古人、穆斯林（回民）和藏人地带变成边疆，内地为大清提供了统治整个中国的合法性，并为中央提供了几乎全部的财源，而边疆仅仅用来捍卫国家的战略安全，巩固其对内地省份的统治，而非赖以作为财源②。至此，中国的内地与边疆有机地统合为一体。

北亚边疆帝国模式下的元朝和清朝，作为北部边疆少数民族入主中原建立的统一王朝，摒弃了汉文明的中心观念，而是对帝国境内的各种文明兼容并包，比如元朝承认蒙古文、汉文的官方地位，清朝承认满文、蒙古文、汉文、藏文、维吾尔文等五种使用人口最多的文字都是官方文字，推动了满、蒙、汉、藏、回五个民族的统合。

因此，从上述意义上说，元清型北亚边疆帝国模式是中国历史上除了汉唐型帝国模式之外，由元、清统治者创造并发展出来的一种新的国家治

---

① 姚大力. 边疆史地十讲 [M]. 上海：复旦大学出版社，2022：171.

② ［美］李怀印. 现代中国的形成（1600—1949）[M]. 桂林：广西师范大学出版社，2022：25.

理模式，它将中国内地与广袤的边疆地区纳入"大中国"的范畴，有效地统合内地的汉族与边疆众多的非汉族群，形成一个多民族共同建构的统一国家，为多民族国家的建立、各民族的交往交流交融，以及中华民族共同体的形成和发展做出了重大贡献。

6. 近代中国边疆危机与领土丧失

清朝的疆域十分辽阔，在18世纪50年代至19世纪40年代达到鼎盛。其疆界东至今库页岛，北至外兴安岭，西北至巴尔喀什湖，西南至今克什米尔地区，南至南沙群岛，是中国历史上唯一完全覆盖今天中国领陆和领海的王朝。但是清后期列强入侵，不断对中国的领土进行蚕食鲸吞，特别是与中国陆地毗邻的沙俄通过《瑷珲条约》《北京条约》《中俄勘分西北界约记》等一系列不平等的"勘界条约"，侵占了中国约144万平方千米的领土。

民国时期，中国的领土继续丧失。喀尔喀蒙古（即漠北蒙古、外蒙古）几经反复最终独立。1946年，国民政府承认外蒙古独立。而唐努乌梁海由于外蒙古的独立而成为飞地，最终被苏联吞并。

（三）中国边疆形成和发展的特点

一是中国边疆经历了长期、连续性的形成过程。随着中国历史从原始社会过渡到阶级社会，在黄河流域较早产生了一批城邦国家，中国进入了早期的"轴心时代"。中国历史上的夏、商、周三代，实际上是城邦国家向地域性王国不断迈进的产物。作为地域性王国的夏、商、周政权已经处于早王朝阶段，其疆域结构也呈现出较为明显的"核心—边缘"特征，先秦经典文献《尚书·禹贡》所载清晰地反映了这一点。所谓"九州"体现的是一个国家内部如何进行政治分区，而"五服制"反映的是一个国家核心区与边疆区的关系，具体体现为圈层式结构。《牧誓》中的圈层结构为"商都—郊—牧—野"，《逸周书·王会》中的三个圈层为"王畿—要—荒"，《国语》中的五个圈层则为"王畿（甸）—侯—宾（绥）—要—荒"。自此"蛮荒之地"成为边疆的代名词。虽然中国历代王朝的边疆地区因为王朝疆域的不同而有差异，各个边疆地区社会发展的速度存在快慢之分，但是都或早或迟地迈上了中国统一多民族国家连续性发展的轨道。中国边疆的长期性、连续性发展，与存在一个超强稳定核心密切相关。这个超强稳定核心早先是指黄河中下游地区，后来发展到长江流域，形成了以黄河、长江两大流域为核心的腹心地带，也可称为中国历史上的"两河流域"，构成了发展中的统一多民族中国的中心地区，其外围则是广阔的边疆地区。在秦汉以来两千多年封建社会的发展中，北部边疆地区的游牧民族和南部边疆地区的山地民族，始终是较为稳定的边疆族群。历史上中原与边疆地区的联系不断，虽然经历过北方游牧民族入主中原的过程，但是中国边疆发展的总体趋势是朝着有利于统一多民族国家构建的方向演进的。

二是中国边疆经历了从分散性发展到统一边疆形成的过程。中国疆域辽阔，边疆地域也十分广袤，陆地边疆面积超过了全国领陆面积的一半，此外还有十分辽阔的海疆。不同边疆地区的地理环境差异甚大，社会形态和历史发展进程也不一致，这决定了中国整体边疆的形成势必经历从分散到统一的历史过程。所谓"分散"，从全国角度来看，中国边疆可以划分为若干边疆大区，包括东北边疆、北部边疆、西北边疆、西南边疆等；从各个边疆大区来看，又可以划分为若干相对自成体系的亚区，比如西南边疆包括位于青藏高原的西藏边疆、位于云贵高原的云南边疆和位于岭南西部的广西边疆。所谓"统一"，既包括各个边疆大区逐步统合于中原王朝的进程，又包括各个边疆大区内部的一体化演进。尽管从统合进中原王朝版图的时间进程看，不同边疆地区各有差异，其中西南边疆（西藏除外）和西北边疆较早纳入中原王朝版图，北部边疆和东北边疆进入中原王朝体系的时间相对较迟，而且在一些边疆地区还出现了反复，但是到元明清时期，中国边疆统一发展的趋势已经不可逆转。

三是中国边疆的各族群经历了从自主发展到融合发展的过程。中国自古以来就是多族群的国家，并在先秦时期形成"一点四方"的族群分布格局，其中华夏族（汉族）主要分布于中原腹地的黄河中下游流域。凭借早发的农耕文明、较为先进的生产力和早期王朝政权，华夏族成为中华民族的凝聚核心，取得了对周边其他族群的文化优势。而周边的非华夏族群基于所处地理环境产生了不同的生计方式，逐渐发展出不同的文化形态，并建立了各具特色的政权组织形式。随着华夏族（汉族）势力的日益强大和分布范围的不断扩展，居住在边缘地带的非华夏（汉）族群与华夏族（汉族）的交往交流不断加强，逐渐走上了各族群融合发展的道路。中国边疆的各非汉族群是中华民族的重要组成部分，他们创造的文化和文明也为中华文化、中华文明注入了新鲜血液。马大正指出，中国边疆地区各民族在自立发展基础上的融合发展是构成统一多民族中国边疆的基石，而汉族的发展对统一多民族的中国及其边疆形成与发展又具有至关重要的意义。①

四是中国边疆呈现出多重矛盾叠加的复杂面相。中国边疆是中国统一多民族国家发展到一定历史阶段的必然产物，是社会多重矛盾发展叠加的结果。这些矛盾包括闭塞恶劣的地理环境制约边疆社会发展的矛盾、长期较为落后的生产关系制约生产力发展的矛盾、不同族群为了争夺生存空间的矛盾、不同文化传统和宗教信仰之间的矛盾、边疆社会与毗邻国家之间的矛盾等。上述矛盾往往具有聚集性、群发性，多重矛盾的叠加增加了处理边疆社会矛盾的复杂性和治理边疆的难度。

鉴于中国边疆形成和发展的上述特点，在讲授"边疆历史地理研究"时，既要讲清楚中国边疆经历了一个长期、连续性的形成过程，又要客观呈现出各个边疆地区统合于中原王朝的进程具有时代的差异性，边疆各族群并不是同步进入中原王朝的版图范围；同时也要指出，历史上中国各个边疆地区从分散发展到统一发展、边疆各族群从自主发展到融合发展的总体趋势不可阻挡，体现出中国边疆融入国家发展大势的历史必然性。尽管边疆地区由于其地理环境、地缘政治、社会发展水平的特殊性导致的一些结构性矛盾，增加了历代王朝治理边疆地区的难度，但是国家制度的渐进推行和边疆的开发进程，使边疆地区从未停止其"内地化"的步伐，最终南部边疆地区率先实现"内地化"，而晚清以来新疆建省（1884 年）、东北建省又推动了北部边疆地区的"内地化"进程。

二、边疆史地课程与思政教育的关系

（一）历史时期中国疆域形成和发展蕴含的思政素材

一是将经过长期历史演变形成的清朝鼎盛时期的疆域作为中国历史疆域的范围。清朝乾隆至道光年间，中国的疆域面积近 1 300 万平方千米，

---

① 马大正. 中国边疆经略史 ［M］. 武汉：武汉大学出版社，2013：803.

这是中国历史上长时段、实际统治疆土最广阔的时期，并完全覆盖了今天中华人民共和国的领陆和领海面积，能够有力地批驳那些认为中国本土位于长城以内的谬论。

二是将 5 000 年来活动在近 1 300 万平方千米疆域内的各民族都视为中华民族大家庭的成员，将这个范围内建立的各个政权都视为历史上中国境内的政权，有利于树立正确的中华民族历史观、中华民族国家观、中华民族属性观、中华民族族际关系观等，从而助力铸牢当前倡导的中华民族共同体意识。

三是正确认识历史上中原王朝国力强弱与王朝疆域伸缩之间的关系，有利于引导人们理解国家强盛与民族团结之间的关系。通过"边疆历史地理研究"的讲授，我们认识到：当中原王朝国力强盛时，边疆地区的各族群往往因为仰慕中原王朝发达的经济和繁荣的文化，或者迫于强大的政治、军事压力，对中原王朝产生向心力，从而助推形成统一的、多民族的、疆域辽阔的中国；当中原王朝因为国力衰退而陷入战乱纷争时，边疆地区的各族群往往产生离心力，纷纷谋求建立民族政权，实现自我发展，这时就会出现分裂的中国，而中原王朝的疆域也大为缩小。这一现象启示我们，只有国家的强大和繁荣昌盛，才能确保边疆的安宁稳定和各民族的团结。比如清朝康熙、雍正、乾隆三朝之所以持续对西域准噶尔部用兵，就是为了消除准噶尔部对蒙古诸部和西藏地区的威胁，确保清朝在西部边疆、北部边疆的地缘安全。事实证明，当 18 世纪 50 年代后期清军最终击败准噶尔部后，清朝的版图达到极盛，此前反复困扰历代中原王朝的"边患"，在 18 世纪 50 年代之后的一百年间基本上不复存在。

四是历代中原王朝对边疆民族实行的多元化、差异化治理政策表明，只要政策措施得当，在民族成分众多的情况下，即使实行民族自治的政策，也不会削弱中原王朝对边疆民族地区的管控。这一认识无疑有利于我们更好地理解并执行当前的民族区域自治政策。姚大力针对当前存在的将民族自治区"改制建省"的错误论调，指出大多数少数民族成员对国家的情感可以与族群意识并存，同时绝大多数民族成员希望获得较大程度的自治权，因此，不能单纯地从国家民族主义的立场去反对族群民族主义，而是要真正回到中华民族"多元一体"的理论上来，这样才更有利于树立各民族的家国情怀，铸牢中华民族共同体意识。①

（二）华夏族（汉族）与边疆族群"三交"蕴含的思政元素

中国传统的天下思想将"天下"分为"中国"与"四夷"两部分，其中"中国"对应华夏族集团及其建立的政权，"四夷"即指蛮、夷、戎、狄。将位于边疆地区的"四夷"纳入天下体系，体现了中国古代先贤的政治智慧和中华文化的包容性。王柯认为，"四夷"进入天下体系，是中国多民族统一国家思想的起源，也直接提供了中国多民族统一国家形成的土壤。尽管在这个天下体系中"四夷"的地位最低，但是其积极意义却不容否定，因为在这一体系中"四夷"被看作是必不可少的组成部分，并为"四夷"进入"中国"提供了可能。②

产生于中国早期国家形态下的华夷观念和天下思想，以及华夏族（汉族）与边疆非汉族群的"三交"与"互化"，蕴含着极富思政价值的元素，即促使中国始终保持着追求多民族国家统一的传统，为当今铸牢中华民族共同体意识提供了深厚的历史依据。自从统合华夏族（汉族）与边疆非汉族群于一体的天下思想产生以来，中国历代王朝的统治者都将边疆族群视为"天下"不可或缺的组成部分，广事招徕怀柔，并实行富有弹性的统治策略，在边疆非汉族群聚居区推行"以其故俗治"的羁縻政策或土司制度，既宣示了中原王朝对边疆民族地区的管辖权，又较好地维护了边疆各族群自治的权利。与此同时，中原王朝统治者通过政治上的授权，使边疆民族首领获得了统治土著族群的合法性，边疆民族首领也感恩戴德，增强了对国家的认同意识，并逐渐产生出"汉裔情结"。

以秦朝建立为标志的"大一统"政治实践和中华文化认同的不断强化，为中华民族的发展壮大提供了重要政治保障和文化认同基础。秦汉王朝奠定了中国统一多民族国家的基本格局，而秦人、汉人成为秦汉王朝的主体族群。虽然此时以秦人、汉人为代表的汉族与周边的非汉族群在文化上仍然存在较为明显的差异，但是毕竟都纳入了统一王朝的版图，为各族

---

① 清华国学院. 全球史中的文化中国 [M]. 北京：北京大学出版社，2014：197 – 200.
② ［日］王柯. 从"天下"国家到民族国家：历史中国的认知与实践 [M]. 上海：上海人民出版社，2020：35 – 36.

群的"三交"奠定了基本的政治基础。魏晋南北朝时期是中国核心区（中原地区）各族群交融的第一个重要时期。经过该时期各族群的交往、交流与交融，中原地区的胡、汉族群最终融合形成了新的族群共同体——隋人和唐人。隋唐时期的统一和开拓促进了中华民族凝聚核心"汉人"群体的扩大，并加强了对周边非汉族群的辐射影响，"唐人"成为中华民族的一个历史符号，其影响一直延续至今。

宋辽夏金时期是中国境内各族群交融的第二个重要时期，进入中原腹地的契丹、党项、女真人，最终都融合成为"汉人"。此时无论是汉人建立的宋朝政权，还是非汉族群建立的少数民族政权，都自称"中华"或"中国"。比如契丹人将建立的辽朝称为"中国"，也把宋朝称为"中国"，认为"华夷懂礼即为中国"；女真人自称金朝为"中国"的同时，也把辽、宋当成中国的一部分，本质上具有"多元一体"的中国观。上述的"大中国"观念，反映出宋辽金统治者已经具有自觉的中华民族共同体意识。

元明清时期是中国境内各族群交融的第三个重要时期。谭其骧指出，中国是境内各族人民共同缔造的，而少数民族做出的贡献很大，其中蒙古族、满族对于中华民族作为"复合型民族"的发展做出的贡献尤其巨大。[①]元朝的统一结束了10世纪以来中国分裂的局面，将蒙古人、色目人、汉人、契丹、党项、女真、吐蕃和南方各非汉族群统合起来，以政治上的大一统促进各民族的"三交"。清朝在18世纪创造了"大一统"的政治局面，最高统治者长期秉持"天下一家"的理念，境内各族群的"三交"随着清朝统治的强化和"改土归流"达到了封建时代的最高峰。到了清末，在杨度看来，曾经作为"国族"的满人"全体尽操汉语，无复一人能操满语者"，"满人全体苟识字者，必惟识汉字而不识满字"。梁启超也说："（满人）卒由政治上之征服者，变为文化上之被征服者。及其末叶，满洲人已无复能操满语者，其他习俗思想皆与汉人无异。不待辛亥革命，而此族之消亡，盖已久矣。"[②] 近代以来，中国人的中华民族共同体意识空前强

① 谭其骧. 谭其骧历史地理十讲［M］. 葛剑雄，孟刚，选编. 北京：中华书局，2022：25.

② ［美］李怀印. 现代中国的形成：1600—1949［M］. 桂林：广西师范大学出版社，2022：207-208.

化。鸦片战争后，中华民族饱受西方列强和沙俄、日本的侵略欺侮，各民族同呼吸、共命运、患难相依、荣辱与共，为国家争独立，为民族求生存，中华民族共同体意识空前强化，成为主导国内舆论的主流意识。

由此可见，在同一王朝体系之下，内地汉族与边疆非汉族群之间的经济、文化联系日益增强，辽西走廊、河西走廊、南岭走廊、苗疆走廊成为中原腹地与边疆地区联系的重要通道，汉族向边疆地区的迁移和边疆族群向中原地区的内附构成了"双向互动"。虽然有关研究表明存在迁至边疆地区的汉族被"夷化"的情形，但是从中国民族关系史的总体发展看，边疆非汉族群的"中原化"或"华夏化"无疑是历史的主流。

"边疆历史地理研究"通过对华夏族（汉族）与边疆族群"三交"历史的讲授，揭示出这样一个道理：中国边疆的形成和发展史，是一部华夏文化与"四夷"（蛮、夷、戎、狄）文化不断融合，华夏族（汉族）不断吸纳、交融边疆非汉族群，从而使"中国"和"中华民族"不断发展壮大的历史。这一点也为王柯的研究成果所证实①。

（三）近代以来边疆研究蕴含的思政信息

近代以来，中国边疆危机日益加深，刺激着一批有识之士将目光转向边疆，形成了晚清边疆史地研究的勃兴。顾颉刚为此写道："清道光后，中国学术界曾激发边疆学之运动，群以研究边事相号召，甚至国家开科取士亦每以此等问题命为策论。察此种运动之主要起因，实由于外患之压迫。"②

20 世纪 30 年代，面对日益严峻的边疆形势，中国的学者发起成立了许多研究边疆的学会或协会，③ 并创办刊物，掀起了研究边疆的热潮。戴

---

① ［日］王柯. 从"天下"国家到民族国家：历史中国的认知与实践［M］. 上海：上海人民出版社，2020：68.

② 顾颉刚.《禹贡》学会研究边疆计划书［J］. 史学史研究，1981（1）：66－69.

③ 据段金生的统计，20 世纪 30 年代研究边疆的学术团体有新亚细亚学会、边事研究会、禹贡学会、边疆学会、边疆问题研究会、边疆史地学会、中国边疆文化促进会、中国边疆研究学会、中国边政学会、西北问题研究会、西北学会、西北评论社、西北屯垦团、西北垦殖事宜设计处、开发西北协会等，参见段金生著的《学术与时势：民国的边疆研究》（中华书局 2019 年版）。

季陶、马鹤天等发起成立了新亚细亚学会,以"为整个中国的建设而研究中国的边疆问题"为其重要目标之一,并于 1932 年出版了华企云所著《中国边疆》一书。该书适应了当时国人对边疆问题的关注,书中写道:"自从晚近日侵东北,俄攫外蒙,英寇康、藏,法窥滇边以来,国中人士都远瞩高瞻地把目光移到了边疆方面,寖假而'到边疆去'的呼声洋溢盈耳的经人鼓吹起来。不过到边疆去是有先决条件的,就是中国边疆无论其已往情形、现在状况、四周环境、国际关系,以及日、俄、英、法等帝国主义为对于满、蒙、康、藏怎样的垂涎觊觎,乘隙蚕食,都非要有确切的认识不为功。"① 此时学者们学术救国的志向非常明显,如冯家昇在《我的研究东北史地的计划》一文中阐述了自己的学术旨趣:日本为了鼓吹所谓的"满蒙非支那论",试图将满蒙地区从中国分裂出去,专门雇用大批学者致力于"朝鲜学""满蒙学"的研究,而中国学者对东北的研究,则是在 1931 年"九一八"事变后"为了欲证明东北是中国的领土起见,才临时作起文章来"②。1936 年《边疆》在创刊号的发刊词中向国人发出号召:"努力于目前救亡之途,俾得促醒醉生梦死的国魂,发扬沟通民族的精神,使之整个团结在同一目标之下,御侮图存,群策群力,挽此浩劫。"③ 可见边疆研究与时势的紧密关系,其中蕴含着大量的思政信息,让我们认识到民国时期一批学人立足边疆研究、挽救民族危亡的爱国主义精神。

三、边疆史地课程思政教育的实践路径

(一)教学内容上,全面梳理并吸收历史文献中关于边疆民族的中华民族观念和国家认同意识的思政教育资源

比如宋辽夏金时期,中国边疆地区产生了多个民族政权,形成了汉族政权与边疆民族政权并立的局面。无论是汉人建立的宋朝,还是契丹、女真分别建立的辽、金政权,都自称"中华"或"中国",形成了"多元一

---

① 华企云. 中国边疆 [M]. 南京:新亚细亚学会,1932:567.
② 冯家昇. 我的研究东北史地的计划 [J]. 禹贡,1934,1(10):2-6.
③ 发刊词 [J]. 边疆,1936(1).

体"的中国观。辽、金统治者的中华意识和中国观念，绝不是偶然产生的，而是中原汉族与边疆非汉族群长期交往交流交融的结果。宋人张舜民在《画墁录》中记载了当时无论是中原士人还是西域商贾都存在"中国之属"的文化心理，文中写道："西域之蕃处中国，以至夏、契丹交驰，罔不在邻郭，今青唐是也。"①

又如我们在批驳新清史的谬论时，完全可以通过梳理满人自己对中国的认识，来证明满洲并不是与中国并立的一个概念，而是随着满人入关并建立统一的全国性政权，满洲地区已经毫无疑问地成为中国的一个有机组成部分。清朝的国号最先叫 dai‒qing gurun，即"大清国"，后来满文中出现了 tulimbai gurun 的专名，即汉语"中国"的满文对译词，这是满洲人把自己视为"中国人"的最直接的证据。一些西方学者说清朝政权不能称作"中国"，但是满洲人自己都把清朝与中国同等看待，外人还有什么理由认为清朝不是中国呢？②

1729 年，雍正帝在征讨蒙古准噶尔部时说道："自我朝入主中土，君临天下，并蒙古极边，诸部落俱归版图，是中国疆土开拓广远，乃中国臣民之大幸。"③ 1755 年，乾隆帝在为征讨准噶尔而辩护的一份诏书中说，"我皇清之中夏"非"汉、唐、宋、明之中夏"④。可见雍正、乾隆二帝均认为自己是"中国""中夏"的君主，只不过清朝时的"中国"疆域远远大于汉、唐、宋、明王朝的疆域，除了当时的内地十八省，还包括满人、蒙古人、回民等北部边疆非汉族群聚居的土地。

（二）教学设计上，从立足边疆看中国的视角提供统一多民族国家形成和发展的实证支撑

在北部边疆地区，虽然不断变换其主人，比如秦汉时期的匈奴，北朝时期的"五胡"，隋唐时期的突厥，宋代的契丹、党项和女真，元明清时期的蒙古和满洲，但是从他们与中原内地汉族"三交"的历史进程看，充

---

① （宋）张舜民. 画墁录 [M]. 景印文渊阁四库全书本，第 1117 册，台北：台湾商务印书馆，1986.
② 清华国学院编. 全球史中的文化中国 [M]. 北京：北京大学出版社，2014：188.
③ 清世宗实录：卷 86 [M]. 雍正七年九月癸未. 北京：中华书局，2008.
④ 清高宗实录：卷 496 [M]. 乾隆二十年十月戊午. 北京：中华书局，2008.

分体现了北部边疆非汉族群对统一多民族国家形成和发展的历史贡献，能够为立足边疆看统一多民族国家的构建提供有力的实证支撑。秦汉时期北方游牧民族匈奴长期成为威胁中原王朝统治的力量，但是汉族与匈奴的长期交往交流（包括战争与和平两种方式），最终导致匈奴分化为南匈奴、北匈奴，其中南匈奴内附，逐渐融入汉族。北朝时期，北部边疆的游牧民族匈奴、鲜卑、羯、氐、羌（俗称"五胡"）等入主中原地区建立政权，他们虽然在人口数量上占据一定优势，却选择了一条主动汉化（华夏化）之路。究其原因：汉文化的精髓在于能够构建超大规模的政治共同体，这一点已为秦汉王朝所证实；同时各非汉族群也通过汉化（华夏化），能够获得统治中原地区的合法性。隋唐时期的突厥曾经是中原王朝的边防大患，但是随着突厥分裂为东、西两部，东突厥内附，成为中华民族的重要组成部分。宋代进入黄河流域的契丹与女真，最终也融入了汉族。而元代的蒙古与清代的满洲更是成为中国的统治民族，建立了疆域辽阔的帝国，开创性地建立了宣政院、理藩院的管理机构和盟旗制度、札萨克制度、伯克制度等民族地区的行政管理制度，为有效统合疆域内的各民族做出了历史性贡献，为建构多元一体的统一多民族国家提供了北方实践和北方道路。

在南部边疆地区，从秦汉时期设置的边郡制，到南朝时期的左州左郡左县制、唐宋时期的羁縻制和元明清时期的土司制，体现了将南部边疆非汉族群纳入中原王朝统治体系的不断创造性尝试，为建构多元一体的统一多民族国家提供了南方实践和南方道路。

为此，在教学设计上，要有意识地采取立足边疆看中国的视角，从南、北两大边疆地区各族群"三交"的典型事例和统合为中华民族的历史过程，揭示中华民族的形成、发展过程以及统一多民族国家的建构过程。

（三）教学方法上，运用史料实证和合作探究等教学法培育激发学生的家国情怀

对于"边疆历史地理研究"的教学而言，激发学生的家国情怀无疑是需要落实的教学目标。但是对学生家国情怀的培育和激发并不是通过喊口号或硬性表态来实现的，最好的做法是运用史料实证和合作探究等教学法，充分调动学生通过史料阅读，然后进行解读和探讨，达到深刻认识中

国边疆统合的意义,边疆对于中国地缘利益和地缘战略的作用,边疆各民族对于国家的认同观念等。

比如清朝是一个将边疆地区非汉族群成功统合进国家体系,使其形成国家认同意识的典型王朝。为了使学生理解到这一点,可以采用合作探究的方法,安排一部分学生对清朝在北部和西部边疆针对蒙古人、藏人、回民采取的政策措施进行梳理,又安排另一部分学生对清朝在南部边疆土司地区针对土民采取的政策措施进行梳理,然后由学生分组汇报并进行互评,总结清朝在不同边疆地区所采取政策措施的异同及效果,从而认识到:尽管上述边疆地区存在较大差异,但是清朝仍然成功地将版图内不同族群的精英人士聚拢在一起,使他们对朝廷产生共同的认知。而其背后的原因,就在于清朝统治者能够针对不同的边疆地区,因地制宜地采取宗教纽带、文化涵化、制度建设等措施,既能够将权力集中到中央,又能在基层治理中保持一定的弹性,从而实现国家认同意识的建构。而学生在合作探究的过程中,也加深了对统一的中国与"多样性"中国的认识和理解,进一步增强了家国情怀。

总之,通过"边疆历史地理研究"的教学,能够较为系统、全面地揭示出中国统一多民族国家形成和发展的过程:在疆域上体现为不同边疆地区先后统合进入中国版图的历史;在族群上主要体现为华夏族(汉族)不断吸纳周边"四夷"(四裔)族群,进而形成中华民族的历史;在文化上体现为华夏文化(汉文化)与周边"四夷"(四裔)文化不断融合,进而形成中华文化的历史;最终边疆与内地各族群共同具有对中华文化和中华民族的认同意识,共同缔造出统一的多民族国家。

基于 PBL 教学的专业选修课"文化地理学"课程思政教学实践研究

滕兰花*

教育的根本宗旨是立德树人。2016 年 12 月习近平在全国高校思想政治工作会议上强调要坚持把立德树人作为中心环节，把思想政治工作贯穿教育教学全过程，要用好课堂教学这个主渠道，其他各门课都要守好一段渠、种好责任田，使各类课程与思想政治理论课同向同行，形成协同效应，实现全程育人、全方位育人。[①]。2017 年 2 月中共中央、国务院印发《关于加强和改进新形势下高校思想政治工作的意见》，指出要把理想信念教育放在首位，充分发掘和运用各学科蕴含的思想政治教育资源。[②]2020 年教育部印发的《高等学校课程思政建设指导纲要》明确指出："全面推进课程思政建设就是要寓价值观引导于知识传播和能力培养之中，帮助学生塑造正确的世界观、人生观、价值观……使各类课程与思政课程同向同行，将显性教育和隐性教育相统一，形成协同效应，构建全员全程全方位育人大格局。"[③]

---

* 滕兰花，广西民族大学民族学与社会学学院历史系教授。

① 全国高校思想政治工作会议 12 月 7 日至 8 日在北京召开 ［EB/OL］. (2016 – 12 – 08). http://www.gov.cn/xinwen/2016 – 12/08/content_5145253. htm#allContent.

② 中共中央、国务院印发《关于加强和改进新形势下高校思想政治工作的意见》 ［EB/OL］. (2017 – 02 – 27). http://www.gov.cn/xinwen/2017 – 02/27/content_ 5182502. htm.

③ 教育部关于印发《高等学校课程思政建设指导纲要》的通知 ［EB/OL］. (2020 – 06 – 05). http://www.moe.gov.cn/srcsite/A08/s7056/202006/t20200603_462437.html.

回顾课程思政工作推进的历程，不难发现各学科都承载着一定的精神塑造和价值观教育职能，课程思政体系离不开传统思政课程的引领示范，大学生日常接触时间最长的课程还是各类学科专业课。为此，课程思政应该延伸至包括通识课、专业课在内的各类学科专业课程。这是目前学术界的共识。如何在课程思政和专业思政方面有所作为，需要结合具体的学科专业人才培养和课程教学来进行探索。

历史学是人类文化的重要组成部分，在传承人类文明的共同遗产、提高公民文化素质方面有着不可替代的作用。中外各国均在基础教育阶段开设历史课程。综合性大学也多设有历史学专业，除了专业课程外，还有面向全体学生开设的历史学类通识教育课程。学生通过课程的学习，形成对祖国的认同感和正确的国家观，认识中华民族多元一体的历史发展趋势，形成对中华民族的认同感和正确的民族观，认识中华文明的历史价值和现实意义，增强对伟大祖国的认同，对中华民族的认同，对中华文化的认同，对中国共产党的认同，对中国特色社会主义道路的认同。

笔者所在的历史系主要是为中学培养师范生，为此，除了常规的专业基础课外，还注重以跨学科思维进行课程设计，开设"文化地理学"这门兼具历史与地理两个学科属性的专业选修课。此课程紧紧围绕立德树人，深度挖掘提炼课程知识体系中所蕴含的思想价值和精神内涵，立足校情学情，主要围绕着物质文化、精神文化开展理论知识讲授，帮助学生理解地理环境对文化形成的影响及其所造成的差异，并能够对人类各种文化现象及其与地理环境的关系进行正确分析。在多年的教学实践当中，本课程形成了一定的课程思政育人特色。

一、课程概况及课程思政主题

（一）课程概况

1. 课程内容

文化是人类适应环境的产物。地理环境在文化发生、发展过程中起到十分重要的作用；同时，文化又会对地理环境和社会环境产生影响。从课程的学科属性而言，文化地理学隶属于地理学科。目前国内高校亦多是在地理学本科专业开设"文化地理学"课程，在历史学本科专业中开设的并不多见。"文化地理学"是我校历史学本科专业的专业选修课，自 2010 年开设以来，已经有 13 年的历史。此课程作为历史学本科专业的专业必修课"中国历史地理学"的延伸课程，开课目的是拓展学生的专业知识面，推进学科交叉互融发展。

本课程的教学内容包括物质文化、精神文化、文化生态、文化源地、文化传播、文化区与文化整合、地方文化、文化景观、文化产品等九大主题，在"厚基启智"理念指导下优选教学内容，在成果导向教育（OBE）理论指导下，基于 TPACK 框架，形成"知情意行"教学模式，充分开展案例教学，探索文化生态、文化扩散、文化整合、文化区、文化景观等研究主题的奥秘，充分理解地理环境对文化形成的影响及其所造成的差异，并能够对人类各种文化现象及其与地理环境的关系进行正确分析。

2．课程目标

本课程既是历史学本科专业选修课，也是全校性通识选修课。为此，课程授课团队充分借鉴了 2016 年教育部发布的《中国学生发展核心素养》的人文底蕴、科学精神、学会学习、健康生活、责任担当、实践创新等六大素养目标，将本课程目标明确为知识、能力、素质三大内容。如图 1 所示。

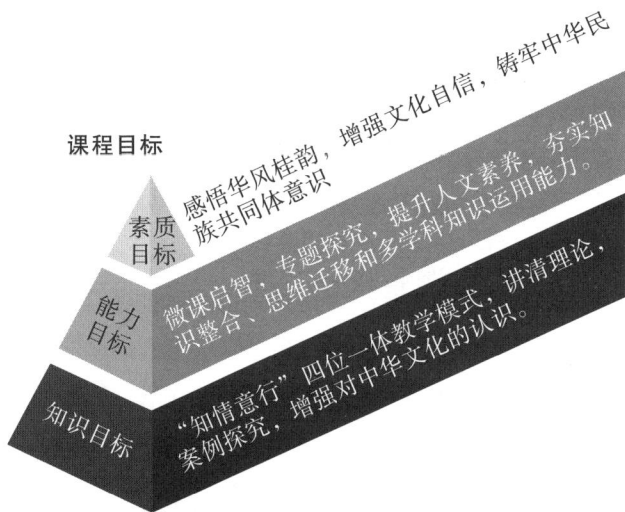

图 1　"文化地理学"专业选修课的课程目标结构

（1）知识目标：充分运用启发式、任务驱动、案例教学法，构建"知情意行"四位一体教学模式，致力于引导学生探索中国各地文化的空间特色及规律，正确认识中国各族人民共同创造的中华文化，铸牢中华民族共同体意识，增强文化自信，增强对中华文化的认识。

（2）能力目标：以微课清晰聚焦重点知识，整合知识，反向设计，生问师答，以专题探究培养学生的知识整合、思维迁移和多学科知识运用能力，能分析各地文化现象的空间规律，综合分析文化与环境的互动关系。

（3）素质目标：以学生为中心，立足"民族性、区域性、国际性"的学校办学特色，以感悟华风桂韵、增强文化自信为课程思政主旨，致力于引导学生探索中国各地文化的空间特色及规律，正确认识中国各族人民共同创造的中华文化，铸牢中华民族共同体意识，增强"四个自信"。

（二）课程思政主题

2017 年中共中央办公厅、国务院办公厅印发的《关于实施中华优秀传统文化传承发展工程的意见》提出"增强文化自觉和文化自信"的号召。其中提出的"加强历史文化名城名镇名村、历史文化街区、名人故居保护和城市特色风貌管理，实施中国传统村落保护工程，做好传统民居、历史建筑、革命文化纪念地、农业遗产、工业遗产保护工作""推进地名文化遗产保护""深入挖掘城市历史文化价值，挖掘整理传统建筑文化"[①] 等内容，恰好就是本课程教学内容的重要组成部分。为此，本课程特别注意加强对地方文化知识的讲解，注意引导学生理解中华文化形成的地理环境及其所独有的文化特质。2020 年教育部印发的《高等学校课程思政建设指导纲要》强调课程思政建设内容要围绕政治认同、家国情怀、文化素养、宪法法治意识、道德修养等重点优化课程思政内容供给，系统进行中国特色社会主义和中国梦教育、社会主义核心价值观教育、法治教育、劳动教

---

① 中共中央办公厅　国务院办公厅印发的《关于实施中华优秀传统文化传承发展工程的意见》[EB/OL].（2017-01-25）. http://www.gov.cn/zhengce/2017-01/25/content_5163472.htm.

育、心理健康教育、中华优秀传统文化教育。① 为此，培养正确的文化观是本课程的一个重要课程思政出发点。

本课程采用普通高等教育"十一五"国家级规划教材《文化地理学》（周尚意主编，高等教育出版社 2004 年版），据此对课程教学目标和思政育人素材进行了系统整理，以 PBL 教学法（即基于问题的教学法，Problem – Based Learning）驱动教学，精选典型文化事例，课程思政资源与知识传授多元交融，有效实现知识普及，帮助学生树立正确的社会主义文化观，增强文化自信，自觉弘扬中华优秀传统文化。基于课程教学内容以及《高等学校课程思政建设指导纲要》提出的课程思政内容当中有关中华优秀传统文化教育的内容，授课教师将本课程的课程思政主题确定为四个方面（图2）：

课程教学主题与四大思政主题

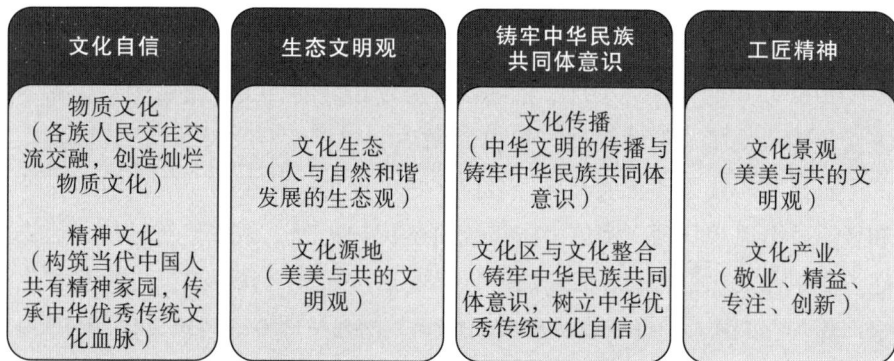

文化自信	生态文明观	铸牢中华民族共同体意识	工匠精神
物质文化（各族人民交往交流交融，创造灿烂物质文化）	文化生态（人与自然和谐发展的生态观）	文化传播（中华文明的传播与铸牢中华民族共同体意识）	文化景观（美美与共的文明观）
精神文化（构筑当代中国人共有精神家园，传承中华优秀传统文化血脉）	文化源地（美美与共的文明观）	文化区与文化整合（铸牢中华民族共同体意识，树立中华优秀传统文化自信）	文化产业（敬业、精益、专注、创新）

图2 "文化地理学"专业选修课的课程思政主题示意图

（1）文化自信：本课程以拓展大学生的人文综合知识为主要目的，引导学生认识中国各地文化特别是八桂民族文化的空间特色，能初步分析并理解文化与环境的互动关系，理解区域间文化差异，加深对中国各地文化的理解，增强文化自信。

（2）生态文明观：以学生为中心，立足"民族性、区域性、国际性"的学校办学特色，通过文化生态、文化源地重要研究主题的典型文化事象

---

① 教育部关于印发《高等学校课程思政建设指导纲要》的通知［EB/OL］.（2020 – 06 – 05）. http://www.moe.gov.cn/srcsite/A08/s7056/202006/t20200603_462437.html.

探析，培育学生树立正确的生态文明观。

（3）铸牢中华民族共同体意识：致力于引导学生探索中国各地文化的空间特色及规律，在讲授文化传播、文化区与文化整合的内容时，以案例教学帮助学生正确认识中国各族人民共同创造的中华文化，铸牢中华民族共同体意识，讲好中华文化故事。

（4）工匠精神：文化景观和文化产业的知识模块，适时融入美美与共的文明观和敬业、精益、专注、创新的工匠精神教育。

二、课程思政的育人教学模式

（一）知识传授和课程思政互融，夯实文化自信

以"感悟华风桂韵，增强文化自信"为课程思政主线，坚持价值塑造与知识传授的互融，强化成果导向，以问题与案例驱动教学，精选典型文化事例，课程思政资源与知识传授多元交融，有效实现知识普及，增强文化自信。

在第二章"物质文化地理"的线上讨论区里发布学生的学习任务，要求学生分享家乡特色美食。此讨论话题最受学生欢迎。教师从学生的回复当中精选优质回帖进行拓展延伸，反向设计，在线下授课时问学生最不喜欢或不能接受的"黑暗料理"是什么、如何理解"野味"等问题。在人为制造的互为冲突的问题当中，引导学生思考饮食的地域差异以及影响饮食文化传播的环境因素有哪些，帮助学生树立良好的饮食价值观。

在第三章"精神文化地理"的"地名文化"这个知识点的学习当中，教师在线上录制了广西地名的微课，介绍地名的种类及其文化意义。随后，在线上讨论区布置学生讨论话题：介绍你家乡的地名。从学情来看，因学校的招生主要面向广西及西南地区，不少学生介绍了广西玉林的船埠村、四川自贡、云南盐津等地名，因其与盐业生产密切相关，为此，教师由此生成一个线下授课的专题探究主题——地名"咸"话。本次线下授课以"地名'咸'话"为主题，以聊天的方式，引导学生复习线上学习过的地名的主要性能、种类知识后，以"盐为何物""咸味地名""盐路漫漫""盐地名文化"为四大内容，通过典型盐业地名的案例剖析，拓展学生对

地名文化的认识。具体而言，教师引导学生观察"盐"字的小篆字形，从制盐的人在用器皿煮卤水、旁边还有大臣监督的字形含义当中，帮助学生理解盐是一种有"魔力"的物质；介绍西汉时吴王刘濞因煮海水为盐富可敌国而最终引发七国之乱，唐末贩私盐的王仙芝、黄巢起义，明代广西的大藤峡壮瑶起义等，均与盐有关。盐，在中国共产党的百年奋斗史中也起到了重要作用。在土地革命时期，盐成了极重要的战略物资，以经典影片《闪闪的红星》《党的女儿》的故事，以及 1941 年三五九旅到盐场堡（花马池）驻防打盐，以盐换其他物资，被毛泽东赞为"中央第一财政"的历史，作为思政内容，启发式教学，增强学生爱党爱国的家国情怀。随后再从自贡城市地图里的各种"井"字后缀的街巷名入手，介绍自贡市因盐而设、因抗战而生的历史——1937 年日本全面侵华，沿海海盐中断供应，为保障西南大后方人民的食盐供给，1939 年正式把富顺县的自流井区和荣县的贡井区合并为自贡市；抗战时期，自贡成了输送盐的重要枢纽，肩负着抗日输盐的重任。补充介绍抗战时期自贡百姓发明的歪脑壳船，通过趣味性讲解，让学生理解群众的智慧与抗战热情，理解人民群众是历史的主人这一经典认识，感悟家国情怀。在课程结束时，教师补充介绍地名文化遗产的相关知识，布置课后探索任务，以学生的家乡地名的由来为任务，以 PBL 驱动教学的方式激励学生自学，以增强家国情怀。

（二）学习激趣，思政引导，主动求知，培养思辨能力

以专题式教学、生成式教学强化教师的"教"与学生的"学"的融合度和有效性。课程团队对教学内容进行有效整合，以学会疑思、学会求知为学习目标，设计了学生学习疑思问题征集这样的作业，每个专题均设置开放探究题，选题与历史情境和生活情境相结合，每一个专题均与中国岭南、西南以及东南亚各地民族文化紧密结合。教学设计符合地情、学情，易于激发学习者的兴趣，让学习者能参与、爱参与，层层推进，实现知识和思维的拓展。通过线下授课，教师与学生一起交流，共同探究历史中、生活中的文化现象。

巧用 TPACK 框架，坚持 PBL 驱动教学，强化教与学有效衔接，积极开展教学反思，不断优化迭代教学设计和实施，反向设计教学提问，布置每位学生线上自学后提出一个问题，生问师答，并从中生成线下探究专

题。通过项目探究，激趣启智，培养多学科思维融合的思辨力，切实提升课程的"两性一度"。

在第四章"文化与生态"教学设计里，选定了新疆的坎儿井、岭南的避瘴食俗、广西梧州骑楼的系船铁环和水门等案例作为思政教育素材，从中感知劳动人民的智慧，增强文化自信。用中国法定传统节假日为案例，增强中华民族共同体意识。通过哈尼梯田与生态的相互依存关系，宣传民族优秀传统文化，增强文化自信。通过对美国人为棉铃虫立碑、中国人为蝗虫立庙的比较分析，使学生学会尊重文化差异。

根据学生们的线上学习反馈，教师设计了岭南凉茶的探究专题，以岭南的特色食俗——喝凉茶为案例，引导学生理解区域食俗的起源中的环境因素。以凉茶申遗成功为切入点，引导学生理解传统饮食习俗的文化价值，树立文化自豪感。以学生日常喝奶茶习俗为切入点，引导学生了解奶茶的发展简史，对比凉茶和奶茶的发展情况，理解传统食俗发展所面临的挑战及机遇，树立正确的健康观。

在第五章"文化源地"的教学当中，选择了汉字文化圈、中华文化的特质、美国西进运动与枪支文化、蔬果食材的起源等案例作为思政教育素材，增强学生对文化起源与环境关系的理解，帮助学生树立正确的文化认同感。介绍汉字文化圈的发展历程，增强中华文化自豪感。以日常所见的蔬果食材的起源为案例，拓展外来的粮食品种——小麦对中国北方粮食种植以及饮食文化的影响的相关知识，补充北方面食文化，从原称为胡食，发展到各民族的共同饮食，这是文化交流交融的明证，培养学生树立正确的文明观。

线下的专题探究课——"野味"杂谈，以禁止食用野生动物为议题，讨论饮食与社会环境变化的关系以及日常文化现象，贴近学情，引导学生树立正确的饮食安全观，培养正确的文化观。在线上讨论话题时，有一个学生提出这样的问题：随着交通和经济的发展，一个城市里总能找到各地的特色饮食，人们的饮食习惯发生较大的改变，那么未来会出现饮食文化地域性消失的状况吗？为此，教师设计了一道现场讨论话题：议一议网络时代对饮食口味的影响。其重点是以"手机先吃""网红美食"等热门议题，激发学生独立思考日常文化现象。

（三）特色活动，手作心传，以文育人，思政有实效

"感悟华风桂韵，增强文化自信"的课程思政特色鲜明。线上微课及线下授课均处处有课程思政，课程思政主线定位恰当。在线下活动课中专设课程研学、中华民族传统技艺体验活动、"地道风物"微视频评选、壮族香囊制作等课程文化体验活动，开展文化育人的课程思政特色活动。强化理论学习与实践演练的有机统一，积极开展特色民族文化体验活动、地道风物微视频评选活动。其中，课程"华风桂韵·地道风物"短视频评选共举办了2期；侗绣体验活动1期；壮族渡河公制作体验活动、壮族香囊体验活动各3期。以地道风物微视频评选活动为例，有学生对校园文化景观很感兴趣，为此，自发组成小组，经与老师交流，商定了微视频的主题——"遇见·老房子：校园老房子里的奋斗史""乡音·乡情——广西方言文化""洞见·历史——广西民族大学防空洞背后的故事"。这样的微视频是立足校情、学情，而且充分结合了课程内容，学生在动手拍摄制作的过程中，增强了爱国爱校之情，收到了很好的思政育人效果。实践证明，本课程的文化特色活动通过手作、心传，实现知行合一，极大增强了学生的民族文化自豪感，并专设"翻转课堂、习作共享"的线上板块，展示学生学习成果，激趣、激励，实现以文育人。

三、"课程思政"教学实践的反思

（一）教法要得当

本课程学时少，教学内容多，但因学生有较多的文化生活体验，多多少少均会涉及文化与地理的关系。为此，本课程内容具有较多的发挥空间，可以在教学当中开展以学生为中心的 PBL 教学法。

本课程自 2018 年以来采取线上线下混合式教学，在"厚基启智"理念指导下优选教学内容，开展以问题为导向的专题式教学和以学生的学习反馈为导向的生成式教学，形成"知情意行"教学模式，注重教与学的有效衔接，突出案例教学和实践教学，综合运用探究式、启发式、自主学习、讨论式、情境等多种教学方法，注重培养学生的知识整合、思维迁移

和多学科知识运用能力，全程开展文化育人的课程思政。

运用 PBL 教学法，以问题链教学设计进行混合式教学，在学生线上自学后能激发他们的探究热情，以及发现问题、解决问题的主动意识，提升其学习能力。在线下授课时，教师可以根据学生在线上学习时参与讨论的情况进行生成式教学，能够提高学生学习的主动性，提高学生在教学过程中的参与程度，容易激起学生的求知欲，活跃其思维。

PBL 教学法是一种以学生为主体，以专业领域内的各种问题为学习起点，以问题为核心规划学习内容，让学生围绕问题寻求解决方案的学习方法。由于对教师的要求较高，教师必须具备较强的课堂掌控能力和引导能力。教师在此过程中的角色是问题的提出者、课程的设计者、结果的评估者。

在教学内容设计上，分为学生线上自学微课环节和线下面授的专题探究环节。线上教学内容是以线上微课夯实基础知识，专题探究做示范。布置相应的学习任务点，以任务驱动的方式激励学生开展自主学习，参与线上讨论交流。如教师发布系列话题：民族服饰会消亡吗？民族传统建筑会消亡吗？民族语言会不会消亡？家乡的地名文化等。这些讨论话题均是学生自学线上的微课后即可进行回帖，教师从学生的回答当中了解学生的学习收获。

线下授课根据学生在线学习的反馈，围绕重点知识点，精选文化议题，以问题驱动引导合作探究；师生研讨，翻转课堂，激发学习热情。如设置"问题大会堂"，要求学生在线上自学相关的课程内容后，每人向教师提一个疑思的问题；教师再从中精选，生成线下授课的专题探究主题。这样交互式的学习，极大地激发了学生的学习热情，学生大有一种把教师问倒的态势，好多问题问得很有深度。

（二）加强课程思政资源建设

一要立足教材，从教材的知识点里挖掘可以生发的课程思政元素。思政元素的提取既要着眼于时代需求和育人目标，也要符合学生的群体特征，以便更好地激发学生的情感共鸣和同理心，唤醒其已有的知识储备和文化体验感。如教师在线下课的专题探究"文化传播"这个主题时，设计一道讨论题——"君之爱，吾之砒霜"，请说说你心中的"黑暗料理"是什么？在慕课堂智慧教学小程序里发布，让学生当场填写，从中精选后与线上的讨论课"家乡特色美食"里学生的回答进行对比分析：折耳根，西南地区百姓日常饮食里的标配，却是不少学生心头之怕；酸笋，广西人的美味，也是一些人敬而远之的黑暗料理……这样极具冲击力的资源的引用，帮助学生充分调动自己的生活体验去分析理解地方文化与环境的关系，如以螺蛳粉的走红为微专题，帮助学生了解互联网时代里地方饮食文化的传播特点，还能适时宣介"华风桂韵"，宣介八桂文化。

二要从思政元素出发，选取教学材料，设计教学活动，将碎片化的知识进行关联，整合、补充为主题单元教学，更有利于教学和思政育人任务的顺利推进。本课程各章节的思政映射与融入点情况如表1所示。

表1 "文化地理学"课程思政映射点

章节	教学内容	思政映射与融入点
第一讲 绪论	学科发展历程及研究主题	介绍中国文化地理学的主要研究成果，突出中国特色，增强学术自信
第二讲 物质文化地理	线上微课：微课介绍饮食、服饰、建筑文化地理的基础知识，帮助学生理解影响物质文化地域差异的因素	寻味八桂、广西民居文化微课，宣传八桂文化；家乡美食、野菜、年夜饭介绍以及民族服饰、建筑存续的讨论，激发家国情怀
	线下探究：课堂答疑；以五味地理趣谈、食野味杂谈为探究专题，极具话题性，引导学生充分理解文化与环境的关系	疫病与生态，餐桌上的野菜与生态，以时事为创新话题，力争课程教学高阶性、创新性互融
第三讲 精神文化地理	线上微课：以南腔北调——语言文化地理、见字如面——地名里的文化密码、宗教文化地理微课释重难点，帮助学生理解精神文化的地域差异及其成因分析	话说广西话、广西伏波信仰地理专题微课，增强学生对八桂文化的了解，拓展知识面，提升课程"两性一度"
	线下探究：课堂答疑；以记住乡音、广西地名、历史地名文化地理——地名"咸"话、南宁花婆信仰为探究专题，增强学生对文化与环境共生关系的理解	广西语言地图，广西地名文化，花婆信仰，激发学生探索八桂文化的兴趣；地名"咸"话，有机融入盐业抗战史迹，进行党史教育

（续上表）

章节	教学内容	思政映射与融入点
第四讲 文化生态	线上微课：掌握文化起源与传播中的地理影响因素	新疆坎儿井、哈尼梯田所隐藏的民族生态智慧，增强民族文化认同
	线下探究：课堂答疑；并以岭南凉茶、汉服为探究专题，帮助学生理解文化与生态的关系	岭南凉茶文化、服饰中的文化交融简史微课，增强文化自信
第五讲 文化源地	线上微课：掌握文化起源与传播中的地理影响因素	以"分析中华文明从发源地向外传播的轨迹及规律"为题进行启发式教学，增强文化自信
	线下探究：课堂答疑；"蔬果中的'老外'"、螺蛳粉网红现象的文化分析等专题探究	蔬菜中的外来物种传播/柳州螺蛳粉走红的文化事例，帮助学生理解文化起源及传播的理论
第六讲 文化传播	线上微课：文化传播类型和规律、跨文化传播、大众传媒与中华文化传播；广东开平碉楼专题微课	以丝路上的文化传播、广东开平碉楼、公益广告微课案例，激发学生的文化自信，增强对社会主义核心价值观的理解
	线下探究：课堂答疑；茶与茶路、武术现代化、丝绸之路与文明传播的专题探究	茶与茶路、武术现代化、丝绸之路与文明传播的专题探究，激发文化自信，讲好中国故事
第七、八讲 文化区、 地方与文化	线上微课：文化区的概念与类型；区域文化与文化整合；地方文化建设与地方文化认同	理解文化整合，以具体事例帮助学生铸牢中华民族共同体意识
	线下探究：课堂答疑；江南在哪里、岭南食疗文化、中医药文化的专题探究	以江南在哪里、岭南食疗文化、中医药文化为专题案例，增强学生对文化区形成的认识，理解地方文化建设意义

（续上表）

章节	教学内容	思政映射与融入点
第九、十讲 文化景观、 文化产品	线上微课：学习文化景观及八景文化、文化遗产与文创产品、广西铜鼓文化、花山岩画景观、越南瑶族牛铃和独木枕等系列微课	以微课释重难点，并以八景文化、广西铜鼓、花山岩画景观等专题微课提升学生的人文素养，激发文化自信
	线下探究：课堂答疑；南宁圩镇的前世今生、文化产业——文化遗产的新生专题探究	以城市文化景观建设、文创开发为案例，激发学生的文化热情

综上所述，基于 PBL 教学的"文化地理学"课程线上线下混合式教学模式，遵循问题导向原则，采取课前、课中、课后环节，形成知识闭环，极大地促进了学生对于知识技能的消化理解，培养了学生的思辨意识，并塑造了学生的情感价值观。今后仍需要坚持"课程育人"理念，加大课程思政的整体设计，要以学情、问题为导向，挖掘特色鲜明的课程思政主题，持续修订课程内容和框架，探索以问题为导向的专题式教学和以学习反馈为导向的生成式教学，将学习延伸到课前、课中、课后，激发学生的主动求知欲。

课程思政视野下"中国历史文选"的教学改革

——以广西民族大学为例

胡小安[*]

2020 年 5 月教育部印发了《高等学校课程思政建设指导纲要》，围绕"培养什么人、怎样培养人、为谁培养人"的根本问题，系统阐释了新时代课程思政建设的目标、要求、内容等。落实"立德树人"教育方针，是每一个教师的责任，从根本上讲必须扎根中国大地办教育，坚持社会主义办学方向，通过深化课程目标、内容、结构、模式等方面的改革，把五个认同、四个自信、人格养成等思政教育导向与各类课程固有的知识、技能传授有机融合，实现显性与隐性教育的有机结合，促进学生的自由全面发展，充分发挥教育教书育人的作用。

《高等学校课程思政建设指导纲要》明确提出要结合各专业的特点，分类、全过程开展课程思政。历史学专业课程是非常基础和重要的门类之一，在立德树人、"四史"教育、认识国情、传播中华优秀传统文化方面起到非常重要的作用。目前高校历史学类的课程思政研究已有一定成果，但是对"中国历史文选"课程与思政结合的研究还比较缺乏。本文以广西民族大学历史学专业的基础核心课程"中国历史文选"为例，探讨相关实践途径和经验，以求方家批评。

一、"中国历史文选"蕴含大量课程思政资源

"中国历史文选"课程的主要内容：了解中国古代历史典籍和史学机

---

* 胡小安，广西民族大学民族学与社会学学院历史系教授。

构发展脉络；精读中华优秀历史典籍和地方民族民间特色文献的选文，提高文言文阅读水平和史料分析能力。

课程育人目标：引导学生坚定唯物史观，理解史学经世致用价值所在；通过历史典籍选文选段导读，了解中华优秀文化，增强文化自信，铸牢中华民族共同体意识；夯实专业基础，提升历史学科核心素养，增强专业认同。

为此，本课程采取"课堂＋田野"以及线上线下混合的方法，在各环节、全过程落实如下思政教育元素：夯实唯物史观和文化自信，认识国家统一对史学发展的重要促进作用；提高对历史学在总结治乱兴衰历史经验方面的经世致用作用的认识，总结中华典籍中蕴含的历史智慧、治国理念措施和统一多民族国家的发展规律；搜集和研读地方和民族民间特色文献，挖掘中国历史上各民族交往交流交融的生动案例，各民族的经济文化理念和维护国家统一、加强边疆安全、反对侵略者、促进国家发展的智慧和行动，各民族的英雄人物等，铸牢中华民族共同体意识。

试举若干例证：①研读先秦历史典籍如《尚书》《论语》《礼记》等有关篇章，认识中国传统史学的源头和求真精神；认识先秦时期朴素唯物主义和辩证法的发展；认识历史学在总结治乱兴衰方面的作用，增强专业认同。②研读《史记·平准书》《货殖列传》《汉书·食货志》《通典·田制》相关经济篇章，引导学生理解古代中国经济政策的特点和民生、土地制度的重要性，认识"传统贡赋经济"的特点和历史演变脉络；并拓展联系当今国家一号文件对土地承包的政策，引导学生理解中国道路，培养四个自信。③研读《史记》《汉书·南越列传》《后汉书·班超传》《圣武记·康熙勘定台湾记》等相关篇章，学习古代边疆治理的经验和认识祖国统一的重要性，培养家国情怀，铸牢中华民族共同体意识。④研读《汉书·艺文志序》等选文，认识版本目录学的源流，认识诸子百家的源流和文化价值，增强文化自信。⑤研读正史和地方文献中的土司史料，正确认识土司制度的历史地位和在边疆治理方面的作用，培养正确的祖国观、民族观和历史观。⑥研读《读史方舆纪要》《徐霞客游记》《檐曝杂记》当中相关区域如广西、云南等省（自治区）的自然生态资料，体会自然环境与区域社会发展的关系，并认识中国历史生态变迁的过程，树立正确的生态文化观。

二、"中国历史文选"课程思政实践途径

在长期的教学实践中，我们探索出一套"课堂＋田野"的文献教学方法，以学生为学习主体，分为"读、研、搜、编"四个步骤开展学科训练，并在实践中落实思政教育。

（一）在研读文献中体悟中华优秀传统文化

结合我们的学生大多数来自民族地区，专业定位是师范类，我们从浩如烟海的古籍文献中精选文献和选文，体现中华文化的源远流长和博大精深，认识我们统一多民族国家的发展历程，从而建立文化自信和铸牢中华民族共同体意识。此外，要尽量配合大学和中学通史课程中相关内容进行研读，并能反馈到通史的学习和中学历史教学设计之中，提升学科素养和师范生技能。兹举数例加以说明。

课例一：读《礼记·礼运》《礼记·中庸》，追寻中华文化之源
展示部分选文：
孔子曰：大道之行也，天下为公，选贤与能，讲信修睦……是谓大同。今大道既隐，天下为家，各亲其亲，各子其子，货力为己。大人世及以为礼，城郭沟池以为固，礼义以为纪。以正君臣，以笃父子，以睦兄弟，以和夫妇，以设制度，以立田里，以贤勇知，以功为己。故谋用是作，而兵由此起。
子曰：凡为天下国家有九经：曰修身也，尊贤也，亲亲也，敬大臣也，体群臣也，子庶民也，来百工也，柔远人也，怀诸侯也。修身则道立，尊贤则不惑，亲亲则诸父昆弟不怨，敬大臣则不眩，体群臣则士之报礼重，子庶民则百姓劝，来百工则财用足，柔远人则四方归之，怀诸侯则天下畏之。

在学习中，我们要求"三读三思"：读通、读懂、读透；思维、思考、思想。这些经典文献一般都有历代注释。我们引导学生去查找最合理的注释，在唯物史观的指导下，充分发挥思考能力，增强史料实证和历史解释能力。

这一课中，我们要求学生自主查找对《礼记》最权威的校注版本，读通读懂文本，然后要思考以下问题：①作为儒家文献经典的《礼记》的思想源头在哪里？如何一步步发展成为经典？②《礼记》中描写的政治理想和治国方法，在春秋战国时期被哪些学派所接受？不同的治国理念是基于什么时代背景和阶级基础？③《礼记》对后来中国的政治文明影响何在？在引导研读的过程中，教师还特别补充王国维关于"中国政治与文化之变革莫剧于殷周之际"的论述，[①] 以及最近两年讨论热烈的《翦商》一书，[②] 引发学生很大的兴趣。学生们经过研读探究，在已有的知识和理论基础上，更加深入地了解中国传统文化的发生发展和变革过程，坚定了文化自信，有利于夯实唯物史观。

这些问题其实与西周的政治和文化、春秋战国百家争鸣、西汉的"罢黜百家、独尊儒术"，甚至近代维新运动、新文化运动等内容紧密联系在一起，将该史料和最新解读融合到相关内容中去。这一教学方式还可以给中学历史教学之思想史教学提供借鉴，即精研原典原文，归纳某一思想的核心观点；设计问题，探究思想的起源和流变之因之果；寻找历代不同的理解和思想内在张力，设计探究问题；列举实例，谈谈某思想对中国文化和历史的影响。这都有利于提升师范生的问题意识，从而提高其教学设计能力，把学科素养、专业认同和思政教育结合在一起。

课例二：读《通鉴纪事本末·魏迁洛阳》，思考民族交融之理

这一内容就是大家耳熟能详的《北魏孝文帝改革》中主要部分，在初中历史和高中历史课中都占据比较重要的地位。在旧版人教版高中选修课《历史上重大改革回眸》第三单元用了3课的篇幅来讲北魏孝文帝改革，在现在统编版初中历史中还有比较大的篇幅；在大学各种版本中也是重要的内容之一。即使在中学的历史课中，也有拓展性较强的深度思考题，即如何评价这场改革：有学者认为北魏后来的六镇起义和北魏分裂，根源可以追溯到孝文帝改革，因为孝文帝舍平城而迁都洛阳，学了汉人的繁缛腐朽，改鲜卑勇武之风为汉人文弱之风，削弱了军事力量，造成了内部不同

① 王国维. 殷周制度论［M］//观堂集林. 北京：中华书局，1959.
② 李硕. 翦商：殷周之变与华夏新生［M］. 桂林：广西师范大学出版社，2022.

派系的斗争。

我们就从这些问题出发，来一步步了解为何主流的观点是肯定该改革？因此这一课的立意可以定于"事关民族问题的改革该如何进行"或者"民族交融之道的艰辛复杂"。

问题一：改革之前，北魏的汉化程度怎么样？能抗拒交融吗？

问题二：改革之中，学了什么？改变了勇武质朴的鲜卑之风吗？

问题三：改革之后，影响到北魏后来的分裂吗？（内部的派系争端是改革造成的还是利益造成的？不改革就没有派系吗？类比后世的案例，王安石改革要为北宋的灭亡负责吗？）

其实，实施汉制，已经是五胡十六国以来各个政权的共识。首先，在秦汉数百年的大一统之后，汉文化（包括语言和文字）、汉区人口和经济力量的优势，已经不是任何其他力量能够代替和改变的。这和当时世界上任何其他强大文明体（比如东罗马、法兰克王国、萨珊波斯和印度笈多王朝）均不同。其次，采用汉制，能够促进经济和文化的发展，增强王朝国家的吸引力，最终巩固统治。再次，在孝文帝改革之前，各个皇帝实际上已经在逐步推行封建化和汉化政策，鲜卑族的姓氏和习惯早已不是初期的景象了。①

所以笔者设计的教学过程为：

导入（以内蒙古鄂伦春自治旗的鲜卑族祖源地嘎仙洞的发现过程导入新课）

一、交融之基：北魏孝文帝改革的历史传统（两汉以来，尤其西晋末年"五胡入华"之后，民族的大交融已经成为一个传统）。

二、交融之力：改革的原因（来自内外的推动力，从内部而言，为了加快"汉化"而更好地管理中原地区；从外部而言，有来自十六国和南朝的竞争压力）。

三、交融之途：改革的措施。

四、交融之果：改革结果以及不同时代的再发现和评价。

全课牢牢把握历史上民族交融最典型的事实和复杂的历史过程，不断

①　罗新. 王化与山险：中古边裔论集［M］. 北京：北京大学出版社，2019：207－245.

设问激发学生的思考，要在中学所学知识和结论上深化，真正落实唯物史观、时空观念、历史解释、史料实证、家国情怀等历史核心素养。通过学习探究和开放式延展讨论，学生们认识到，历代不光是汉民族滚雪球式的发展，① 其他民族，比如今天的蒙古族、藏族、回族、维吾尔族等，都融合了其他很多民族，包括历史上的汉人，民族之间是互相有融合的。汉族体量更大与汉族的文明更早发展、人口众多以及语言文字更早统一有很大关系，与大一统的政权造成的正统观念也有关系。民族融合当然会有一个双向性的表现，只不过由于人口体量和制度、技术、文化优势，以及某些政权的刻意行为，往往导致汉文化的影响更大。但是今天汉族的很多习俗，包括各种方言，都是融合了历史上很多民族的结果。应该进一步引导学生探究历史上民族交融的机制问题：目标追求、内在动力、外部环境、实现途径、利弊影响等。我们还要求学生用历史经验教训去批驳分裂国家的言行。这些讨论和思考，真正有助于铸牢中华民族共同体意识。

课例三：读《岭外代答》选文，领悟边疆治理之道

探究一：三重角度看岭南边疆地理印象

1. 对人民生活生计的影响如何？

《史记·货殖列传》：楚越之地，地广人稀，饭稻羹鱼，或火耕而水耨……无积聚而多贫。是故江淮以南，无冻饿之人，亦无千金之家。

2. 中原士大夫对其印象如何？

五岭皆炎热，宜人独桂林——杜甫《寄杨五桂州谭》

岭外毒瘴，不必深广之地……钦州有天涯亭，廉州有海角亭，二郡盖南辕穷途也。钦远于廉，则天崖之名，甚于海角之可悲矣。——《岭外代答》

3. 对王朝国家的边略影响如何？

桂林为西南会府……其所控御亦可谓雄且剧矣——南宋·张栻

于是八桂遂为西路雄府矣……帅府既内兼西南数十州之重，外镇夷蛮几数百族，事权不得不重矣。——《岭外代答》

---

① 徐杰舜. 雪球：汉民族的人类学分析 [M]. 上海：上海人民出版社，1999：2-3.

探究二：三个维度看物产交换与民族交流——圩市交易、长途贸易、海上丝路

黎人半能汉语，十百为群，变服入州县墟市，人莫辨焉。日将晚，或吹牛角为声，则纷纷聚会，结队而归，始知其为黎也。——《岭外代答·卷二·海外黎人》

交人日以名香、犀象、金银、盐、钱，与吾商易绫、锦、罗、布而去。——《岭外代答·卷五·财计门·永平寨博易场》

（沙木）傜峒中尤多。劈作大板，背负以出，与省民博易。舟下广东，得息倍称。——《岭外代答·卷八·花木门》

这些问题还可以与初中历史《沟通中外文明的丝绸之路》《气象万千的宋代生活》，高中选择性必修 2《经济与社会生活》、选择性必修 3《文化交流与传播》等相关内容结合起来，做教学上的设计。

（二）在收集文献中培养文献保护意识

面对边疆民族地区社会情况的特殊性，研究领域和研究方法的多元化，结合"中国历史文选"课程和学情，开展田野调查是进行科学研究的重要方法；有效践行"知行合一"的教学理念，也是培养民族地区管理和教育人才、促进学生成长的重要环节。学生只有到边疆民族地区去调查、实践、参与研究，才能掌握原始的一手资料，在田野中更好地解读资料，为边疆史地研究提供资料的支撑。首先要精选好最具代表性的田野调查点，运用现今国内外学术界最新的理论成果指导调查研究工作，尤其要挖掘出边疆民族地区的优秀传统文化，厘清边疆少数民族与中华民族在文化上的关系，增强边疆民族的文化自信力和文化认同感，并且在田野收集文献之中进一步认识文献、保护文献、开发文献。

案例：2022 年暑期，民族学与社会学学院历史系"文化活源"实践队在胡小安、龙小峰老师的带领下，前往南宁市西乡塘区各古村落开展了为期五天的暑期"三下乡"社会实践活动，践行"寻根活源，助力乡村文化振兴"主题，了解和收集历史文化资料。

7 月 7 日，"文化活源"实践队到达陈东村。陈东村位于南宁市邕江

北岸、江北大道和清川大道交会处，为陈氏家族集聚地，是南宁市保留悠久历史和传统风貌比较完整的典型村落，村内有大量清代古建筑和若干碑刻，初步统计有至少 10 通清碑，还有 10 多块清代墓碑，有些碑由于缺乏保护意识而遭到不同程度的破坏。该村传统文化习俗相当活跃，团队同村民交流后了解到，每当村里有女儿出嫁，需到宗祠祭拜以求平安、幸福。另外每年农历三月初二至三月初六，村民会自发组织到祖屋表演师公戏等。这些民俗值得调查研究和进行保护性开发。

7 月 8—9 日，团队来到老口村那告坡覃氏老宅群。该村是邕江古渡口之一，依山傍水，古朴厚重。村口高挂光绪八年"武魁"牌匾，进门左墙嵌有嘉庆十五年"西教村斋心禁约碑记"，价值很高。村内更存有嘉庆、道光年间关于覃氏族人捐修寺庙的四块碑刻和 39 栋保存较好的清代古建筑。团队采访了那告坡原生产队覃队长。他为师生介绍该地覃氏宗族的历史，带领师生参观村史馆及村内古建筑、古碑刻。覃氏古民居见证了二百多年来当地的发展历史。新中国成立后，这里曾经是著名文学家田汉、艾青等人的办公场所。古渡口早已不用，但是邕江之水仍然养育着、造福着一方百姓。作为南宁市乡村振兴工程的一部分，老口村依托"美丽南方"项目开发建设，成效显著。

7 月 10 日，团队前往罗文村韦氏祖屋进行走访调查。韦氏祖屋拥有500 多年历史，房屋规模宏大，屋内悬挂 18 块历代功名牌匾，彰显韦氏家族荣耀，是南宁市仅存的壮族大姓老屋。师生了解到该屋二、三进间天井采用"日""月"字形铺设的方式，独具匠心，由此加深了团队师生对古建筑的认识；数量众多的牌匾更蕴含了大量的历史信息，引起师生关注，认为应该尽快加以整理，深入挖掘其价值。

当日，团队还前往大塘村潘氏宗祠开展考察。这里开发较快，已经成为一个比较典型的城中村，但是祠堂和传统民俗活动保存还较完整。当日村里正在举办一个"老屋归火"的活动，形式多样，非常热闹。

7 月 11 日，团队师生赴老口村三民坡探寻该村黄氏家俗文化。该村坐落有 200 多年历史的黄氏宗祠，宗祠内供奉着北宋参将始祖黄秀三、黄门始祖马氏夫人和孔子牌位，是南宁市现存较为完整、面积较大的宗祠建筑。该村深受孙中山革命思想影响，为纪念孙中山及其倡导的"三民主义"思想，便将本村三个村屯统称为"三民坡"，宗祠内设有中山文化陈列室。同时团队成员了解到该村为响应乡村振兴号召，建成了三民文化艺术村，吸引各地艺术家前往创作，将乡土文化与现代艺术有机结合。

通过考察和收集文献，学生们认识到，南宁市是一个历史悠久的城市，至今还保留着不少历史厚重的传统村落，但是在飞速发展的城市化进程中，也面临着一系列挑战，例如如何有效保护和发展传统村落、优秀传统文化等问题。我们希望能够在学校和地方政府的支持下组建一个团队，把南宁市各传统村落的碑刻、牌匾、古建筑做一些挖掘整理，结集成书以存史留文，并且扩大宣传；协助各乡村编写乡村志、建立村史馆等。文化振兴是乡村振兴的灵魂，只有留住文化之根才能留得住人。通过此次活动，团队聚焦乡村文化振兴成果，探寻乡村历史文化，以实际行动充分发掘乡村文化资源，努力做好乡村文化探寻者、复兴者，为全面推进乡村振兴贡献力量。之后学生们还撰写了调研报告提交给南宁市政协等部门。这次活动中，学生们都觉得特别有收获，在思考"三农"问题、乡村振兴和传统优秀文化保护等方面都有自己的看法和建议，是一次典型的在田野调查中落实课程思政的研习活动。

（三）在整编文献中夯实历史核心素养

在整理甚至在编写文献过程中，首先要认识传统文字类文献，有正史（又分纪传体、编年体、纪事本末体、政书体等不同类别）、野史、文人文集、官方档案等，还有碑刻、族谱、契约、科仪书、账本等民间文献，各种文献都有自己的收集解读方法和价值。我们要从文献文本的形成、流传、变异、散失等情况入手，去探究历史真伪、细节和演变。

自从历史人类学的理念和方法被广为传播和接受后，我们知道，历史留下了许多蛛丝马迹，比如地名、建筑、物件、信仰、仪式，当然还有大量的方志、族谱、契约文书、碑刻、文集等文字材料，借助这些线索可以去追寻某个地方的历史。但仅认识某个地方历史，不是历史人类学的终极目的，历史人类学的真义，在于重建人类生活图景和理解其历史发展过程。

再以碑刻为例：先要看碑文即碑的分布、形制、时间、内容；碑人即撰写碑文的人或立碑的人；碑事即碑中事，碑外事；碑道即为什么立碑，传述为何有不同，等等。在一段关于渡口修筑的碑文中我们可以读到：参与者的姓名、渡口的位置与用途、投入的钱粮田赋、修筑的时间、重修的时间、所捐田产的位置……从中可以估计一下当时每亩的田租，当时田产开发的位置，姓氏的分布，水位的高低，等等。

继而通过碑刻上的姓名，我们便能按图索骥，去族谱上搜索，找到本传后，再看昆仲叔季、高曾祖考，罗列事迹，找找他们生前的住所，去世后的形迹、牌位与墓碑，进而构成庞大的祖先阵营。墓碑的历史价值在于：①认识一个个家庭的情况，比如家族来历、家庭结构和婚姻关系、寿命、职官、教育情况等。家是社会的基础，这是非常重要的信息。②了解地方社会的情况，有些墓碑反映了地方基层组织名称，风水观念，墓主生前在地方的活动、权威等。③反映出文字下乡与丧葬礼制的一些变化，反映国家主流文化的影响。

看到一个祠堂、庙宇、风水楼、惜字塔，我们都一定要弄明白：这个东西是什么人修的？什么时候修的？因为什么修的？它想表达什么？达到了什么效果？比如，笔者曾经带领学生读地方民间文献资料，在资料上看到瑶族与仫佬族地区有很多的庙，比如"四月初八庙""六月初二庙""三月三庙"等，起初大家以为那是真的庙，就如同风景名胜区建筑的庙宇一样。后来我们在做田野调研时一问才知那不是庙，而是当地人搭的几块石头。我们继续讨论这种观念的起源，怀疑是那里的人们在接受汉文之后，书写时借用了汉字"庙"，在他们原来的观念中未必有"庙"的概念。那他们原来的观念是什么？什么时候借用"庙"这个词表达了原有的观念？最后是否真的就认同了新的观念？探究这些问题，就把文献读活了，也体验到历史研究的乐趣和艰辛。

因此，一定要到田野里去，才能真正了解历史。我们通过阅读历史书籍了解历史中各类人，从帝王将相到贩夫走卒，从国家编户到山野之寇，从老壮妇孺到鳏寡孤独。历史其实是每个人的历史，历史学是人学，就是学习如何与古人、近人、今人打交道。你在阅读古籍时，就是在和古人对话。

在整理文献之中还要运用到文字音韵训诂、年代学、目录学、校勘考证等知识技能，还要懂得现代数字化技术，是不容易的事情。我们可以由简入难，利用不长的族谱、碑刻、契约，从一般的标点断句、释读风物制度开始一点点做。这些年我们带领不少本科生、硕士研究生参与整理了《仫佬族地区文书古籍影印校注》一书（广西教育出版社 2016 年版），达 150 万字，2017 年获得第八届广西文艺创作铜鼓奖；目前在整理壮族地区新发现的文书，有数千份之多；还带领本科生、硕士研究生在南宁等地开展民族民间文献的收集和整理，也取得了若干成果。

（四）有效挖掘身边资源开展课程思政

（1）充分利用学校丰富的各历史时期的资源开展教学。校内"百花园"有不少清代墓碑，校外一街之隔的可利村、下雷村还遗存有不少清代古建筑和碑刻。这些都蕴含着丰富的时代信息，是我们组织学生校内考察的必修课。我们还数次带领学生走焕然一新的邕江边百里长廊，考察至今保留的社坛、大王庙、黄氏祖屋等古迹，既感受南宁城市建设的新貌，也体会历史文化。党和国家领导人非常关心我校各族师生和学校发展，他们前来视察学校和接见我校师生的大事，是校史的重要组成部分。我校历任校长和老教师中很多是革命前辈，如校长韦章平、民族学教授陈衣、历史学教授秦慰俭等，都为广西革命和解放做出了重要贡献；为新中国建设和改革开放做出贡献的教职工和历届毕业生更是不计其数。校园内这些丰富的"四史"资源，成为历史课堂的教学素材。这些文献都在学生身边，有时候视而不见，见而不研，所以我们要培养学生进行探究的习惯、兴趣和方法。推而广之，我们要求学生利用寒暑假回家乡和"三下乡"之时，随手拍、随手记各类文献，养成收集文献的好习惯，也锻炼了学生的文献释读能力。

（2）历史学专业依托专业课程，长期坚持开展红色考察之旅。每个学期均组织学生考察百色起义、左右江革命根据地旧址、湘江战役遗址、邓颖超故居、昆仑关战役纪念馆、柳州工业博物馆、广西民族博物馆、南宁博物馆、南宁规划馆等，感受和领悟"四史"教育内涵。

（3）从 2019 年起，历史系举办"谈家事·品国史"课程思政沙龙，已举办 4 期，每学期 1 或 2 期，请校内外教师主谈，学生参与，从家事家史中感悟党领导各族人民进行革命和社会主义建设的伟大历程。以"八桂文化田野"工作坊为契机，举办民间文献搜集和拓碑活动，让学生在实践中体验、学习学科知识技能，落实思政教育。开展民族团结进步教育，以优秀的民族文化育人。

（4）初步打造"研文论史"学生研读文献考论历史的分享活动。大家可以选择感兴趣的文献和话题，就某个小问题或者大问题去研读文献，找出问题的逻辑框架，用史料去论证，增强史料实证能力。比如可以思考秦朝、隋朝强大与衰亡的相似性，用史料建构逻辑链条去分析其原因；可以通过不同的史料思考诸葛亮的不同形象是怎样建构起来的，等等，写成文字分享。

三、 结论与讨论

我们所说的课程思政是一个内涵比较广泛的概念，尤其相对于专业核心课程的课程思政而言，具有专业性、内生性、多样性、实践性、协同性等特质。因此，首先要夯实专业基础和学科技能，这是学生安身立命和专业成长的基础。只有把思政元素和专业素养技能的提升结合起来，才是专业课程思政的根本，也是不同于专门思政类课程之处。在历史类课程之中，尤其要注重在史实、观念、教学、实践等方面的教育过程中融入思政元素。

通过多年的实践，师生们都认识到，历史文选文献课是提升阅读能力、培养问题意识、回到文献元典的重要课程。看似枯燥的历史典籍文献，每一段每一个文字后面其实是历史上鲜活的人物、事件、制度、思想与实践，我们理应抱有极大的兴趣和热情去阅读、收集、整理与思考。"读研搜编"的过程是一个循环往复、不断生成、不断提升的过程。为了持续改进、久久为功，我们要与专业定位、学情、地方特色和中学历史教学结合起来，依据学生的生活经历和身边资源，精选经典的、有内涵的、耐读的和吸引人的文献（民间碑刻、契约等往往还是书法艺术的载体），全方位、全过程熏陶育人，不断实践探索，落实历史学科核心素养，达到课程思政的目标。

"文明交流互鉴"理念融入世界古代史教学研究

——以中国与东南亚交流史为例[*]

韩周敬[**]

从实际的教学过程、学生的学习反馈及与同行的交流中，我们可以确定一个认识：当前高校中世界古代史教学普遍存在尚待克服的困难。笔者经过分析，认为这些困难主要体现在三个方面：教材体例重国别而轻专题，史事联系不易凸显；教师教学重域外而轻本土，见世界而不见中国；学生学习强度高而效度弱，教学目标难以落实。如何有效解决这些难题，是我们作为高校历史教育工作者必须深思的。本文首先分析当前世界古代史主要教学问题的成因；再以"文明交流互鉴"为主线，来探索与世界古代史教学的融合途径；最后以中国与东南亚交流史为例，展示知识、理念传递的具体实践。限于学力见识，不足之处，尚祈方家指正。

一、当前世界古代史主要教学问题的成因

（一）教材体例重国别而轻专题，史事联系不易凸显

问题表现为用国别史代替世界史，注重对历史事件的单维描述和对历

---

* 本文为广西民族大学 2022 年研究生课程思政建设项目"中国与东南亚交流史"（项目编号：gxun‑yks202203）和国家社科基金西部项目"16—20 世纪前期越南边疆经略研究"（项目编号：19XSS005）的阶段性成果之一。

** 韩周敬，广西民族大学民族学与社会学学院历史系副教授。

史脉络的线性梳理，忽视各文明的共时联系和整体发展趋势。

问题成因是目前通用的《世界古代史》教材虽有一定的文明观照、文明融通和文明互鉴理念，但因教材体例的限制，没有通过具体的章节展现出来，如在现行的本科"马工程"《世界古代史》中，编者仍然是以国家或地区为撰述对象的，虽然在序言中也力图传达跨文明比较的观念，但从教材的成型结果看并不十分成功。在对波斯帝国、亚历山大帝国、阿拉伯帝国、蒙古帝国等的书写中，教材所体现的共时性、联系性、整体性较强，但这并非全然肇因于对编撰体例的贯彻，而是因为这些帝国本身就具有鲜明的跨区域性，这使得教材编撰者在凸显文明关联的特征时得以事半功倍。与之相对的是对那些地域性国家的书写，往往就体现出自说其是、缺乏联系的特点。而教师也满足于遵从教材的表面结构进行授课，放松了对深层编撰理念的挖掘。笔者在进行"世界古代史"的教学之前，也曾广搜博纳其他教师的课件，以期采撷众长，但遗憾的是多数教师的课件仍为国别史结构，内容以遵从教材照本宣科为主，这除了体现出教师对教材和教学存在较高程度的依赖，还体现出他们对教材观念把握的相对滞后性。

（二）教师教学重域外而轻本土，见世界而不见中国

问题表现为把世界和中国之间的整体与部分关系，理解为并列与平行的关系，"中国"在教学中处于隐身地位，古代世界变成了除去中国的世界。问题成因有二：

一是在目前的教材体系下，世界古代史的中国部分与中国古代史的相应朝代重合，所以教师往往略讲或不讲。笔者在负责历史系教学管理工作期间，曾组织系统的听评课活动，其中对中国古代史与世界古代史交叉的部分尤其属意，如《世界古代史》上册第五章"上古中国（前3世纪—5世纪）"，专门就中国黄河流域文明的产生和特点、夏商周时代的政治体制、秦汉政治与社会、魏晋政治与发展趋势，以及中国早期的经学、文学与科学进行了系统阐述，但因为与《中国古代史》教材的先秦至魏晋部分重合，且论述多集中于政治方面，无论是教材知识的密度还是书写广度、深度，均不如《中国古代史》。两门课程的授课时间又约略同时，因此教师往往就交代学生主听中国史，并自行研读教材即可。

二是在目前的学科体系下，世界古代史通常只研究国外历史文明，研

究视野局限性导致了教学局限性。近代以来因西方思想占统治地位，导致人们在审视和思考历史时，不自觉地陷入这样或那样的"中心论"陷阱。"中心论"固然是一种成本较低的观察方法，但同时也具有较高的风险，它使历史学被分为中国史和世界史两大部分，两部分都有各自的视野中心，其问题意识和研究方法也大相径庭。这进而塑造了学生对"世界"的认知：世界是中国以外的部分，是我者之外的他者；中国在现实中属于世界，但一进入研究领域，世界就超然"中"外。现在已有越来越多的学者认识到此点的局限，但在数十年来学科畛域和评价体系的限制下，要想突破谈何容易！

笔者认为以下理念可为我们的教学改革提供支持：

（1）新文科理念：2020 年 11 月 3 日，教育部新文科建设工作组发布《新文科建设宣言》，对新文科建设作出全面部署。新文科的任务是构建世界水平、中国特色的文科人才培养体系，具体任务包括明确总体目标、强化价值引领、促进专业优化、夯实课程体系、推动模式创新、打造质量文化六个方面。新文科理念要求反思文科传统，关心变化着的中国与世界，创造和回答时代命题，夯实构建人类命运共同体的人文基础。

（2）"文明交流互鉴"理念：2014 年 3 月 27 日，习近平主席在联合国教科文组织总部发表了《文明交流互鉴是推动人类文明进步和世界和平发展的重要动力》的演讲，此后"文明交流互鉴"理念又在《习近平谈治国理政》第三卷第十七专题中多次出现。"文明交流互鉴"是文明发展的本质要求，是人类文明进步的重要动力，是构建人类命运共同体的"金钥匙"，有助于未来中国"以更有活力的中华文明成就贡献世界"，为世界的稳定和繁荣提供中国智慧和力量。

（3）混合式教学理念：混合式教学强调现代信息技术和具体学科教学的整合，在线教学并不是教学可有可无的辅助活动，而是完整教学中不可缺少的一部分，既充分发挥二者优势，又体现着时代性和未来教育的发展趋势。混合式教学着眼于挖掘学生的学习深度，凸显学习者的中心地位，有利于提升教育的个性化水平。

（三）学生学习强度高而效度弱，教学目标难以落实

问题表现为学习周期虽较长，但知识、方法、情感、价值观的传导效

果均不理想。问题成因有二：

一是高中世界史内容较少，而大一的《世界古代史》时空跨度大、知识密度高，造成了难以弥补的认知断层。目前高中历史教学采用的是统编版《中外历史纲要》教材，分为上、下两册。与大学世界史教材试图融会中国历史不同，高中阶段的历史教材仍然是将中国史和世界史分开的。其中世界史部分全部编撰于《中外历史纲要》下册之中，共包含九个单元：古代文明的产生与发展，中古时期的世界，走向整体的世界，资本主义制度的确立，工业革命与马克思主义的诞生，世界殖民体系与亚非拉民族独立运动，两次世界大战、十月革命与国际秩序的演变，20世纪下半叶世界的新变化，当代世界发展的特点与主要趋势。以上全部九个单元共138页，比上册的中国史部分少了近100页，从知识的密度来说，也只能搭建最基本的认知框架，难以有效满足学生对世界史进阶理解的需要。

而进入大学之后，世界史学习的难度骤然提升，主要表现在三个方面：知识点繁杂密集，难以尽全掌握；知识学习与观念理解并存；知识体量大，但教学课时少。知识点繁杂密集是大学教育的知识取向所决定的。葛兆光先生曾言要给大学生常识，给硕士生方法，给博士生视野，笔者对此甚为赞同。问题在于目前的基础教育对学生的思维训练较为低效，这就导致不少学生在面对汪洋恣肆的知识时，因缺乏思想技术而无从措手，甚至身入宝山而空手而归。世界古代史的教学不但要传授知识，还要致力于提升学生的理解能力，观念的理解不能只靠教师灌输，更重要的是学生内生的再创造过程，在这一层面的培养过程中，对学生的思想技术就提出了更高要求。面对世界古代史上下数千年、周回八万里的叙述时空场域，我们留给它的教学课时为48个①，教师只能挑选最关键的人物、事件进行突破，不能对背后横向与纵向关联进行阐释，因而难以引导学生触及历史理解的幽微之处。

二是世界文明的生成和演进图景过于宏大，教师进行解释时过于困难，学生进行认受时容易流于表面，对其中蕴含的思政要素难以理解深透。世界文明的起源具有"满天星斗"的特征，进而展开成为无数个可能的世界，为交流互鉴奠定了区域基础。学界则以地理空间为划分依据，将

---

① 每个课时45分钟。

古代世界分为西亚、埃及、南亚、东亚、欧洲五个区域，在每个区域的时间轴上，又分叉出数量不等的文明体①。如在西亚区域内，我们至少可以从四个阶段去观察文明的推进，分别是：两河流域的早期城邦，包括乌鲁克文化城邦、苏美尔城邦、阿卡德王国和乌尔第三王朝；公元前 2—前 1 世纪的两河流域王国，包括古巴比伦王国、古亚述和中亚述时期以及中巴比伦王国；公元前 2—前 1 世纪的古代西亚王国，包括赫梯王国、米坦尼王国、埃兰国家等；公元前 1 世纪的西亚帝国，包括亚述帝国、新巴比伦帝国、波斯帝国。其中的每个文明体又包含无数的杰出人物、错综复杂的内部和外部联系、史事的多维演化脉络和记忆方式。

如此宏大而驳杂的生成与演进图景，使得世界史中很难存在单纯的"一个问题"，因为任何的一个问题，最终都会变成"所有问题"，于是世界史的复杂性由实践维度上升到了论域维度。在这种双重复杂性的影响下，在学生较差的基础上，教师进行难度较大的教学，效果堪忧也就在所难免。这种基本知识和阐释的无力，影响课程思政元素的传递与渗透，因为所谓的"思政元素"应得自对课程内容的分解与整合，而并非刻意去套用或迎合某些政治话语。如果学生连基本的知识都掌握不足，就如鲜花生于枯木之上一样，再生动的思政元素也会枯萎凋零，而难以春风化雨般浸润学生的神思。

二、"文明交流互鉴"理念融入世界古代史教学的路径

解决以上问题具有显而易见的意义，具体来说，主要有三个方面：

第一，凸显史事的联系性有利于构建学生的世界意识，完善其价值体系。世界历史就是联系的历史，从全球观念、区域对比和共时比较的角度阐发这种联系性，能型塑学生全局、纵深、理性的世界意识和自尊、自信、自强的家国情怀。

第二，既见世界又见中国，有利于深刻理解中国在世界历史中的真正地位。中国文明是世界性与民族性的统一体，它通过传承和延续体现民族

---

① 包括王国、城邦、部族等多种类型。

性，也通过开放和吸收体现着世界性。

第三，落实课程思政目标，有利于弘扬平等、互鉴、对话、包容的文明观。和而不同、兼容并包的文明观，是构建人类命运共同体的应有之义，也是"应对共同挑战、迈向美好未来"的客观要求。

在繁杂的世界古代史演进脉络中，选取"文明交流互鉴"为主线，跳出此前就史论史的狭隘窠臼，把培养学生的通识视野、通观能力、通达情怀放在首要层次，可以显著揭示历史的联系性及其现代价值。同时，以"文明交流互鉴"理念为锚点，以新文科理念和混合式教学情境为落实方式，上述三点意义也展现出型塑的可能性。笔者认为，"文明交流互鉴"理念融入世界古代史教学的具体途径有下列三个：

首先，以文明交流互鉴为教学主线，深度提取和系统整理教材中的相关元素，实现专业特色与思政呈现的有机统一。

（1）构建交流互鉴的符号系统。中国在与世界的物质、制度、精神文化融通中，形成了具有高度标识意义的符号，如海陆丝绸之路、东方四大发明、西方科学技术、考试选官制度、世界文化遗产等。通过取象比类和取精用宏，构建交流互鉴的符号系统。

（2）理清交流互鉴的圈层结构。①中国与东方体系，主要表现：儒法学说对亚洲世界影响重大；宗藩关系对周边世界造成深远影响，它构成的"天下"体系是构建现代国际体系的重要话语来源；朝贡贸易是亚洲经济环流的重要动因等。本文所聚焦的东南亚地区就是隶属于东方体系的典型地带。②中国与亚欧大陆，主要表现：丝绸之路极大影响了3世纪后的亚欧文明交流；阿拉伯帝国在东西方交流中的重要作用；波斯、印度文明元素和中国元素的深度融合；十字军东征影响东西方贸易和商路；匈奴西迁、蒙古西征促使世界联系性加强等。③中国与整体世界，主要表现：超越亚欧大陆为中心的视角，观照古代非洲、美洲和太平洋海岛文明。

（3）凝练交流互鉴的精华专题。主要凝练为上古大河文明比较、物质交流的海陆丝路、思想文化的轴心时代、科学技术的互传与更生、东西方封建制度对比、世界古代著名大旅行家、明代白银与太平洋贸易大三角、中外移民的流动与融合等专题，从具体专题中透视文明交流互鉴的历史盛景。

其次，顺应新文科建设中对融合、共益、通观的要求，进行历史内通、文科兼通和文理互通的有益尝试。

（1）历史内通。世界古代史本身就是以专门知识为底座，渗透着特色学术方法的领域，对其内部必要知识和方法的掌握，是培育学生的史学素养和三观的天然前提，也是后续以专济通、实现更大范围融通的基础。

（2）文科兼通。世界古代史根系多出、源流合汇，目前教学多是对政治演进的概括，在反映历史全貌上失之片面。在教学过程中，应有意识地用不同学科的方法和观点对同一对象进行分析。这是当前打破学科壁垒的必然要求，也符合新文科建设的问题驱动导向。

（3）文理互通。世界古代文明的演进，是人文思想、制度文化和科学技术综合作用的过程。只有从文理互通的角度去看待"历史业已如此"，才有可能全面理解"历史何以如此"，深刻理解"历史可能怎样"。

最后，运用相关平台构建线上线下混合式教学情境，穿插融入多元教学方法，助推学生学习提质增效。

（1）构建混合式教学情境。线上线下混合式教学具有传统线下教学不具备的个体性、全过程性和可回溯性特点。目前我们已在超星泛雅平台建成了"世界古代史Ⅰ"线上课程，并拟建设"中国与东南亚交流史"线上课程，对学生的预习、复习、作业辅导、交流讨论都会起到积极作用。

（2）融入多元教学方法。通过发布调查，对学生的知识根底和学习倾向进行摸底；然后有针对性地发布史料阅读、视频观看、主题讨论等任务，夯实学生史学基础，提升其思维开源能力；历史学师范生通过写作报告、录制视频、制作课件进行反馈，能增益自身专业技能。

三、中国与东南亚交流史中"文明交流互鉴"理念的传递

当今学界面临诸多困惑，其中一个就是在中国崛起的过程中，面对着参照系的转变，说不清我们究竟是什么。近代以来我们一直是既有体系的接受者，现在则世易时移，我们变成了体系的建设者，自我认知的参照系就由旧有的世界秩序，变成了自身也感到茫然的新秩序。新秩序的具体面目现在仍无定论，可以说我们的视线正处于散焦的阶段。东南亚作为我们的近邻，向来是古代中国影响力的辐射前沿，两者在互相审视并互为镜鉴

的过程中，发展出了系统的相处方式和智慧，进行了丰富的"文明交流互鉴"的实践。因此，理解东南亚成为理解中国的一个途径，以中国与东南亚的交流为对象，通过特定的教学活动来传递"文明交流互鉴"理念，不失为一种效度较高的课程实践。

（一）"东南亚"的语义演变与特点

"东南亚"是现在国际上对亚洲东南部地区的通用称呼。该词不是自古以来就有的。它最初出现于 1839 年美国牧师哈瓦杜·马鲁可姆的著作《东南亚之旅》中，作为对该地区的公认称呼并流行起来则始于"二战"期间。1943 年同盟国在锡兰①设立了东南亚司令部（South East Asia Command），也正是从这个时候开始人们才有了把东南亚作为一个地理单位的意识。"二战"以前人们很少把东南亚看作一个整体，看到的只是不同的殖民地：英属马来亚、荷属东印度、法属印度支那等，曾经被使用的名称有 Further India、Indo - China、East Indies 等。这些名称有的直到今天还在使用，如 Indochina/Indo - China（印度支那，即中南半岛），Indonesia/Indian Archipelago（印度群岛）。

由于东南亚地区缺乏 16 世纪以前的本土文献记载，因而汉文记载就成了了解它们的重要资料来源。在丰富的汉文典籍中，对东南亚相应区域有各自的称谓，隋唐时期称为"南海"，如《南海寄归内法传》就记有"南海舶"；宋明时期有"东洋""西洋"，《东西洋考》言"文莱即婆罗国，东洋尽处，西洋所自起也"，《明史》言"婆罗亦名文莱，东洋尽处西洋所自起也"；清代出现了"南洋"的称谓②，该词也是最广为人知的中国人对东南亚的传统称呼。马立博认为："南洋可以被想象成一个圆周，围绕着以南海和暹罗湾为界的东南亚各国。通过这种由地形、季风和洋流共同作

---

① 今斯里兰卡。

② 李长傅《南洋地理》（昆明：中华书局，1940 年）认为，明末基督教传教士东来，称欧洲为西洋，而改称此前之西洋为南洋；清初著作中称亚洲海外诸国为东洋、南洋及东南洋；清末公文报章中称马来群岛为南洋群岛，从此"南洋"一名遂为地理上通用之名。笔者按：现在的"南洋"指包括印支半岛和马来群岛在内的地区，前者为"大陆南洋"，后者为"岛屿南洋"。

用，而形成的每年一次的循环贸易路线，中国与东南亚维持了长期的往来。"[①]

东南亚区域具有整体性的特点。具体而言，其"整体性"可体现为以下六点：①公元初至8世纪"印度化"；②中世纪海岛伊斯兰化、中南半岛小乘佛教化；③近代共同的被西方殖民的经历；④相对一致的民间文化；⑤相互影响的历史（半岛五国的中古战争、群岛与中南半岛的纠葛）；⑥东盟成立与东南亚整体认识的建构与强化。与此同时，我们不能忽略的是东南亚文明的多元性。东南亚的整体性是一种蕴含了多样性和自主性的整体性。它是在共同的历史经历和长期的相互影响中发展起来的。

从东南亚的特点出发，我们探索出在课堂中理解东南亚的四个途径：地理气候、历史分期、政权类型、普遍性格。这四个途径与中国都是息息相关的。地理气候方面，中国与东南亚都处于亚洲太平洋板块的东缘，并通过亚澳地中海实现了紧密的连接；它们同属于"季风亚洲"区域，在近似的环境基础上培育出了可堪比类的生产生活方式[②]。东南亚的历史分期与中国历代政权在此地的活动密不可分，其建立的政权也有不少华人的参与。东南亚文明所体现出的普遍性格，呈现出一种本地化、中国化、印度化和西方化四者杂糅的特性。因此，以中国与东南亚的交流为线索，既可以方便地观察东南亚的文明演进，也可以从"异域之眼"的角度反观自身。

（二）中国与东南亚史中"文明交流互鉴"理念的传递

"文明交流互鉴"理念的核心在于"交流"。"互鉴"是在"交流"的基础上产生的，它强调的不只是中国从文明势位的高点向下的单方面倾泻，还蕴含了重视他种文明的价值和对中国的影响。阐述"交流"和"互鉴"的目的，在于言明文明"和而不同""美美与共"的复数分叉性。这与西方世界基于霍布斯理念的独享性思维截然不同。中国与东南亚的交

---

① 马立博. 虎、米、丝、泥：帝制晚期华南的环境与经济 [M]. 王玉茹，关永强，译. 南京：江苏人民出版社，2011：160.

② 在中国南方与东南亚之间可以找到不少此类例子，如稻作农业与村社组织、富有特色的斗鸡活动、食用槟榔的习俗、广泛开展的铜鼓铸造活动、注重发挥膝肘威力的武术等。

流,指器质与意识在不同主体和层次间的交互流通与影响。根据不同的观察角度,可以作出下列五种概括:①交流层次:表层的人流与物流、中层的制度交流、里层的文化交流;②交流内容:政治、经济、文化、军事等;③交流主体:区际、国际、域际、全球;④交流方式:直接交流、间接交流;⑤交流目的:道义、利益、信仰。可以说,中国与东南亚的交流包含着若干地位不等的主体,不同主体之间存在千丝万缕的联系,同时又蕴含着理异分殊的不同,难以用统一的理论和事实进行描述,任何进行齐物论式阐释的尝试,都难免会陷入被否定或自我否定之中。

在现实的课程实践中,笔者从"共在先于存在"的论点出发,针对以往就知识论知识、知识与理论割裂、主谈文化却不深不透的教学方式,在繁杂的中国与东南亚交流史演进脉络中,选取"文明交流互鉴"为主线来以简驭繁,通过对物质基础和上层建筑各维度的分析,凸显中国与东南亚的历史联系及其当代价值;解析、复原、阐释中国与东南亚交流的双向图景,打破"东方主义"和殖民史学视角,在具体的专题中揭示文明的多样性、互动性与共生性,最终勾勒出海陆并重、人员互通、多面开花、细致深入的中国与东南亚"文明交流互鉴"盛景。

根据本文第二部分所确定的途径,在进行中国与东南亚交流史教学时,我们做了以下三方面的工作:

第一,构建交流互鉴的符号系统。

在中国与东南亚的物质、制度、精神文化融通过程中,形成了具有高度标识意义的符号,如海陆丝绸之路、以四大发明为代表的科学技术、以陶瓷生产为代表的优秀工艺、考试选官制度等。

第二,理清交流互鉴的圈层结构。

(1)中国与藩属国。东南亚分布着数十个中国的藩属国:其中有使用汉字的同质文明,如越南;也有使用梵语、马来语的异质文明,如占婆。中国与藩属国通过复杂的博弈,自然而非强迫地结成了宗藩关系,在长时段中深刻主导了亚洲形势,对东南亚政治、贸易、社会造成了深远影响。

(2)中国与非藩属文明。作为亚洲的"十字路口",不只中国在东南亚发挥影响,其他周边力量如印度、阿拉伯帝国等也在发挥作用,主要表现:从日本经中国、东南亚、印度到达阿拉伯商路的形成与繁荣;波斯、印度文明元素和中国元素在东南亚的深度融合;东南亚上层社会和下层社会对外来文化的认受取向；各国侨民在东南亚的活动及其影响等。理解多文明交汇共生的历史实相，才会对人类命运共同体有更深刻的领悟。

（3）中国与西方殖民者。自16世纪西方殖民者东来后，中国与东南亚的交流格局发生了重大变化，主要表现：传统域内大国的地位削弱与关系调适；传统丝路的阻断与重建；科学技术的互传与更生；金银流通与世界贸易格局等。深入认识变革中的"中国角色"，会与今日世界形势形成奇妙通感。

第三，凝练交流互鉴的精华专题。

在具体的课程实践中，我们分为"通解"＋"专题"两部分进行集中讲授，以优化课程思政内容的供给。"通解"部分从马克思主义唯物史观出发，评析目前存在的各种交流史观，如"南海的地中海说""他者套式说""中南半岛高地核心说"等，指出其语境特殊性与应用局限性；通过对"中国""东南亚""民族""宗藩""曼陀罗"等具体概念的剖析，在学生头脑中建立正确评判坐标，为后续理解"和而不同""求同存异"奠定基础；通过时序对中国与东南亚交流的整体图景进行勾勒，让学生意识到东南亚的历史演化与中国息息相关，文明交流可以超越隔阂。

"专题"讲授能够突破教材以国家为主体的叙事格局，在集中采集和分析专题史料的基础上，最大限度地解释史事背后的联系与超越"中心"的价值，进而激发学生形成自我问题链和意义链。在教学过程中，我们注重根据历史学科的特性和研究生学习的特点，从史料而非从预设结论出发，来凝练中国与东南亚交流的探究性专题。具体可以分为三个层次：表层是中国与东南亚人员与物资交流，包括海上丝绸之路的交通专题、东南亚华侨华人专题、重要作物和工艺的南传与流变、军事技术[1]和特定物类的北传与改造[2]等；中层是中国与东南亚的制度交流，包括中国与东南亚的经济制度交流[3]、中国与东南亚的政治制度交流[4]等；底层是中国与东南亚的文化交流，包括中国移民对东南亚的社会影响[5]、东南亚因素在中国

---

[1] 如火器技术、航海技术、陆军阵法。

[2] 最具代表性的是占城稻。

[3] 如海上贸易、走私贸易、钱币贸易、矿产开采。

[4] 如职官制度、政区制度、天下体系与宗藩关系。

[5] 如华侨华人的迁移、华人的在地化、华人在东南亚开发和海洋贸易中的作用。

沿海地区的体现、中国与东南亚使臣的见闻唱酬等。通过专题讲授与讨论，可以激发学生沿着"文明交流互鉴"的主线进行内在思考，将这种优秀理念化入心魂。

结　语

当前的世界古代史教学存在三个突出问题：教材体例重国别而轻专题，史事联系不易凸显；教师教学重域外而轻本土，见世界而不见中国；学生学习强度高而效度弱，教学目标难以落实。解决上述问题，有利于构建学生的世界意识；有利于深刻理解中国在世界历史中的地位；有利于弘扬平等、互鉴、对话、包容的文明观。笔者认为要提升世界古代史教学的效能，可以尝试以下路径：顺应新文科建设的潮流，以"文明交流互鉴"为核心理念，以混合式教学为具体实施方式，从新文科融合、共益、通观的要求出发，进行历史内通、文科兼通和文理互通的尝试；系统整理教材中与"文明交流互鉴"有关的元素，实现专业特色与思政呈现的有机统一；构建混合式教学情境，穿插融入多元教学方法，助推学生学习提质增效。

地方历史文化资源融入"中国近代史"
课程教学路径探索

"中国近代史"是高校历史专业的必修课程，如何讲好、教好这门课，增强教学针对性和实效性，使学生了解和掌握中国近代历史发展的特点、学会使用多元视角分析中国近代历史、提升自己的思考能力与科研能力，更好地实现教学目标，使历史教学更加适应社会的需要，是对"中国近代史"教学的新挑战。当前，许多高校教师在"中国近代史"教学研究和教学实践等方面进行探索，对特定地域、特定历史时期的历史文化资源与"中国近代史"教学结合进行了改革和实践。如何正确认识地方历史文化资源融入"中国近代史"教学的现实意义，推动教学理念转变，改变教学方法，选择并将地方历史文化资源进行优化配置，因地制宜地融入教学过程，构建"中国近代史"教学模式，实现与教材内容的有效衔接和有机统一，达到知识传输和能力培养一体化等方面的探索，有待进一步深入。

一、将地方历史文化资源融入"中国近代史"教学的现实意义

（一）有助于课程思政元素的有机融入，达成课程思政教育目标

"中国近代史"是历史学专业研究型课程，也是一门思政性很强的课

---

* 廖建夏，广西民族大学民族学与社会学学院历史系副教授。

程。这门课主要是通过教学，使学生达到认识近代中国社会发展和革命发展的历史进程及其内在规律性，了解国史、国情，深刻领会历史和人民是怎样选择了马克思主义，选择了中国共产党，选择了社会主义道路的目标。该课程除了历史专业理论学习，还从历史教育的角度承担着对当代大学生进行思想政治教育的重任。在"中国近代史"课程中有机融入一些地方历史课程资源，是在落实"立德树人，专业育人"的基本教育原则下开展的。

2004 年 10 月，中共中央、国务院在《关于进一步加强和改进大学生思想政治教育的意见》中就提出："要深入发掘各类课程的思想政治教育资源，在传授专业知识过程中加强思想政治教育，使学生在学习科学文化知识过程中，自觉加强思想道德修养，提高政治觉悟。"① 2020 年 5 月，教育部印发《高等学校课程思政建设指导纲要》，指出："全面推进课程思政建设，就是要寓价值观引导于知识传授和能力培养之中，帮助学生塑造正确的世界观、人生观、价值观，这是人才培养的应有之义，更是必备内容。"② 课程思政不是一门课程，而是一种教育教学理念，是把理想信念、社会道德、人文精神、社会主义核心价值观等元素融入专业课程教学之中，充分发挥课程对学生进行思想政治教育的功能，形成协同效应的一种综合教育理念，旨在构建全员、全程、全方位的育人格局。

教育的最高境界是让学生学会自我教育，即让他们养成自我教育的习惯，有自我教育的能力。人文精神中自尊、自强的品质的形成，很大程度上基于爱祖国、爱家乡、爱人民、爱自己。如何培养这些爱心？各级各类爱国主义教育基地，是激发爱国热情、凝聚人民力量、培育民族精神的重要场所。除了利用课本知识进行历史知识和理论的学习外，利用地方历史遗迹、博物馆进行教学实践活动，也不失为培养学生爱家乡、爱人民、爱祖国等情感的良好途径。学生能够从历史的角度认识中国的国情，从而具有家国情怀，形成对祖国的认同感，具有民族自信心和自豪感，铸牢中华民族共同体意识。

---

① 关于进一步加强和改进大学生思想政治教育的意见 [N]. 人民日报，2004 – 10 – 15.

② 教育部关于印发《高等学校课程思政建设指导纲要》的通知 [EB/OL]. (2020 – 06 – 01). http://www.moe.gov.cn/srcsite/A08/s7056/202006/t20200603_ 462437. html.

对于地方历史文化有机渗入教学，党和国家有关部门一直高度重视。1994 年 8 月 23 日中共中央宣传部颁布的《爱国主义教育实施纲要》就明确指出："从历史到现实，从物质文明到精神文明，从自然风光到物产资源，社会生活的各个领域都蕴藏着极为丰富的进行爱国主义教育的瑰宝。要善于运用国情资料，并注意挖掘和利用各种宝贵的教育资源，不断丰富爱国主义教育的内容。"2019 年 11 月 12 日，中共中央、国务院印发的《新时代爱国主义教育实施纲要》中还提出："在普通高校将爱国主义教育与哲学社会科学相关专业课程有机结合，加大爱国主义教育内容的比重。"[①] 这就为高校切实推进课程思政、推动课程的守正创新，提供了根本遵循，指明了前进方向。

地方历史文化资源中蕴含着丰富的思政元素。把这些具有地方特色的思政元素融入"中国近代史"的教学全过程，以课堂教学为主线，以实践教学为依托，以校园文化为场域，做好地方历史文化资源融入的改革设计，形成高校与社会的协同，将有助于达成"中国近代史"课程的思政教育目标，对课程教育教学目标的实现起到重要的作用。

（二）促进课程建设和理念转变，提高课程的吸引力与理论说服力

目前"中国近代史"课程采用教育部"马工程"教材。该教材吸收学术前沿成果，通过不断完善，结构设置更加丰富合理，进一步革新了知识体系。但该教材也存在过于注重宏观叙述和宏观历史分析，缺乏贴近大学生年龄阶段的具体、生动、形象的历史特性的问题，在作为专业课程的教学实践过程中，大学生因抽象、宏观内容过多而被动地开展学习。此外，"中国近代史"与"中国近现代史纲要"的教材内容有一定的重复，在教学实践过程中，还存在着教师课程讲授抽象化、学生教学参与度不高、课程整体教学实效差的问题。这些问题的产生，除与教育教学主体和教育教学客体的本身能力、素质相关外，还与"中国近代史"课程教材本身密切相关。如何在宏大叙事与部分知识重叠的现实情况下保证课程目标达成，对特定地域、特定历史时期的历史文化资源与"中国近代史"教学结合进行改革和实践，是"中国近代史"教学面临的重要问题。

---

① 中共中央 国务院. 新时代爱国主义教育实施纲要 [N]. 人民日报, 2019-11-13 (06).

在课堂教学中将地方历史文化资源恰当而有效地融入，既是增强课程的思想性、理论性、针对性和亲和力的需要，又是课程建设要求。可以充分利用有效的课堂教学时间，完成教学目标。

与中国近代史偏重于"国史""国情"的大历史相比，地方历史文化作为从属于大历史的小历史，是地域文化精神的体现。它既包含着地域风貌、民俗风情，又包含着价值观念、思维方式等内容；既具有大历史的特征和属性，又具有具体、生动、形象的特征。人们往往对当地熟知的人和物有着天然的亲和感。地方历史文化资源是在历时性过程中生成的具有丰富文化和地域特征的物质或精神的载体。从表现形式上说，它既包括物化了的历史文化资源，如历史遗产、历史档案文书等，也包括精神文化资源，如地域精神、文化特色等，具有强烈的地域性。它是学生们身边看得见、摸得着的历史，是最真实、最生动的原始材料。教师利用历史遗迹博物馆、红色教育基地、文化纪念馆等，开展专题研学活动，可以拉近历史与现实的距离，让理论不再抽象，发挥课程的历史学特性，激发起学生的学习兴趣，培养学生的家国情怀，学会正确判断社会发展方向。同时，地方史还可补充教学内容，提升教学质量。地方历史文化资源与"中国近代史"的有机融合，极大地丰富了课程的教学资源，提升了实践教学效果，有利于教师拓宽教学的知识面，开拓教学空间。教师和学生可以在更为广阔的有形或无形的空间中，运用宽广、宏远的历史视野进行互动。

（三）有助于提升高校育人质量，自觉传承保护地方历史文化

2011年10月18日，中共中央在《关于深化文化体制改革 推动社会主义文化大发展大繁荣若干重大问题的决定》中指出："发挥国民教育在文化传承创新中的基础性作用，增加优秀传统文化课程内容，加强优秀传统文化教育研究基地建设。"[①] 中共中央、国务院及相关部门的政策，使地方历史文化资源融入"中国近代史"课程教学有了政策依据，也使地方历史文化资源融入"中国近代史"教学的必要性凸显出来。促使教师转变教学理念，在传授知识给学生的同时，积极传导主流价值观，增强学生对

---

① 中共中央关于深化文化体制改革 推动社会主义文化大发展大繁荣若干重大问题的决定 [N]. 人民日报，2011－10－26.

"中国近代史"课程的认同度与亲切感，增强教师对"中国近代史"教学的获得感。

地方历史，是相对于国家历史或世界历史而言的历史。各地有大量近代地方历史文化资源。广西近代地方历史文化资源极为丰富，如太平天国运动、西林教案、黑旗军抗法、镇南关大捷、百色起义、湘江战役、桂南战役、桂林文化城等。将地方历史文化资源有机融入"中国近代史"教学，挖掘地方历史文化深厚的精神内涵，不仅可以丰富"中国近代史"的教学内容，而且可以通过在教学过程中的阐释，增强课程的思想性、理论性和针对性，使学生了解其宝贵的历史价值和时代价值，身体力行，自觉地弘扬地方优秀历史文化，为传承、保护和发展地方历史文化增添新的动力。

二、地方历史文化资源融入"中国近代史"教学的路径

地方历史文化资源融入"中国近代史"课程可以通过多种渠道和方式进行，目的在于激发学生的学习兴趣和积极性，增强学生的参与感，不断提高学生发现问题及解决问题的能力、创新能力、团结协作能力等，提升大学生综合素养。多方面探究运用地方史课程资源的方法应该成为高校长期不懈的追求。

（一）挖掘内在联系，构建历史高效课堂

历史高效课堂是指在有效课堂的基础上，完成历史教学任务和达成教学目标，以高效率、高质量的方式向学生传递历史知识，并且取得教育教学的较高影响力和社会效益的课堂。在高效课堂模式下，学生通过课堂教学学到更多的知识和技能，培养历史思维能力，在增强教学实效性的基础上，促进学生在历史领域获得多元化发展，提升道德素质，实现课程育人功能。

近代中国虽然时间不长，却在政治、经济、社会、思想文化等各个领域都经历了从传统社会向现代社会的转型，涉及领域之广，影响之深远，程度之剧烈，都是前所未有的。在"中国近代史"课程教学中，适时和适

度地引入适当的地方历史文化资源，是建立"中国近代史"课程高效课堂的重要方法。教师需要根据课程与地方历史文化资源的内在联系进行深入挖掘，将独具特色的地方历史文化资源作为鲜活素材融入高校"中国近代史"教学，激活"中国近代史"教学，将近代中国社会发展放在整个中国历史发展进程中去呈现，使学生真切感知历史文化的深度和广度。

由于中国近代史教材的缩编性，很难对地方历史文化资源有周到的考虑。这就要求教师要有课程资源开发意识，在教学中主动引入地方历史文化资源，既要本着高度的政治责任感，搜集整合地方历史文化资源，又要对中国近代史教材的科学性、严谨性和系统性有深入的钻研，将有价值的地方历史文化资源开发出来，并有机地融入课堂。教师要把握好教材内容体系，找到地方历史文化资源与教材内容的结合点，选择地方历史中的人或事，有针对性地穿插入课程教学中。教师要把握好何时穿插、怎样穿插的问题，还要关注教学效果，即这些地方历史文化资源能否对学生的学习和生活能力的培养、正确价值观的形成产生积极影响。

课堂能否高效的关键在于教师。教师要明确教学目标，设计出能让学生在教师指导下高效自主学习的教学活动，让学生在掌握课程知识、进行充分实践的基础上，学会以学过的史学理论去分析地方历史问题。教师要不失时机地引导和提升，使得学生在课程学习中获得最高的教学效率。

（二）改进教学方法，提高教学质量

近年来，将地方历史资源融入"中国近代史"课程教学已成为教学研究热点，各地高校为此进行了诸多探讨。笔者概括为以下三种：

一是案例穿插教学。通过恰当运用、比较分析或榜样示范，在教学中适时穿插地方志、人物传记、重大事件等地方历史文化的相关内容，或把地方丰富的历史文化与学习的重点内容，与形象鲜活的人物或事件相结合，在探究理论的过程中讲史实，将生动案例与丰富的理论相结合、显性讲述和隐性渗透相结合，确保教学内容可认知，加深学生对教学内容的理解。

二是采用专题式教学。专题教学是在尊重教材体系的前提下，实现教学体系的有机转换。将课程划分为若干专题，开展专题讲座，既能教授学生系统化的历史知识，又能更好地提升学生思维品质，使学生易于把握历史发展的规律性，学习也更具有灵活性。专题教学中，既可以增加地方历史专题，也可以在某一个专题中渗透必要的地方历史文化，突出教学重点；在课堂教学中，以教科书的内容为切入点，穿插讲授；同时，还可以开发设计一些地方历史文化专题，选定主题，组织学生进行研究性学习。

发挥学生的主体性和教师的主导性，并且提高教师使用教材的规范性和科学性，提高"中国近代史"课程的针对性、理论性，实现教材的系统性与教学的专题性有机结合，进一步将教材体系转化为教学体系，提高教学的实效性。如"太平天国运动"的授课内容是分析该运动发生和失败的主要原因，课程采用小组合作探究＋课堂讲授的授课方式，学生搜集相关资料，对广西社会和太平天国领导集团的特点有深入认识，以期达到使学生深度理解农民起义因阶级局限必然失败的预期效果。

三是开展线上线下混合式授课的探究。加强地方历史文化线上资源数据库建设，借助网络教学资源，开发线上平台资源的引入，拓展教学的宽度和深度。利用线上教学平台，提供相应的学习课件、视频、阅读文献、相关网站等资源，扩大教学的信息量，设计"问题讨论""在线作业"等栏目，让学生自主学习，将丰富的地方历史文化资源广泛融入教学资源中，开展形式多样的教学活动，创造学生的学习空间，拓宽学习渠道，延伸学习时间。如学习"中法战争"这部分内容时，收集和整理"镇南关大捷"这一反映地方发展变化及体现地方历史文化传承发展的音像资料，加大展示、感知、讨论等与学生互动内容的比重。将理论教学与鲜活历史场景、社会现实有机结合，教师通过学生课前预习、课中讨论、课后提升、效果反馈这一较完整的教学闭环，可以更加科学、客观地了解学生的学习效果，从而及时地、有针对性地调整教学活动计划、开展教学。学生通过自主学习，提高学习的参与感和学习的主动性，有更多的比较分析和思考，培养学生的问题意识，"中国近代史"的教学真正"活"起来。

（三）创新实践教学，提高育人效果

教师通过创新实践教学、第二课堂等形式多样的教学模式和教学方法，促进学生社会实践能力的发展，培养和提高学生的理解能力、分析能力和创新能力。研学是近年来为广大师生所认可的开放型课堂教学模式。

教师通过选取与教学内容密切相关的资源，撰写实践教学方案，制订计划，组织学生参与到传统课堂以外的教学活动中，有针对性地引导学生对地方历史人物、有地方代表性的事件、特有的文化等进行探究式学习。提供参考书目，将学生分成学习小组，根据学习的内容，让学生去收集、查找一些与学习内容有关的资料，通过分组讨论、主题研究、社会调查等方式对地方历史文化资源进行实地调研，形成调研报告，通过课件、微视频播放等方式展示，并通过教师点评、小组互评等方式发现不足。这不仅可以提高学生的自学能力、阅读能力、欣赏能力，还可以扩大学生的知识面、增强学生的胆识和表现欲、突出学生的主体地位。学生亲眼看见、亲身感知，更容易产生心灵上的触动和思想上的认知，也能加深对重难点问题的认识，更深刻领会地方历史文化资源所蕴藏的价值与精神，增强学习"中国近代史"的直观感受，进一步增强学生学习课程的获得感，提高学生的综合素质。

此外，还可以开展社会调查和口述历史活动。组织学生访问历史的见证人，通过笔录、录音录影等方式了解历史文化知识、补充史料、传承和延续优秀的地方历史文化。这些教学实践活动都有助于切实提高教学的吸引力和有效性。

三、地方历史文化资源融入"中国近代史"教学应遵循的原则

在将地方历史文化资源融入"中国近代史"教学的过程中，要注意把握以下四条原则。

（1）思想性原则。因特定的教学内容，"中国近代史"课程具有丰富的课程思政元素，有其丰富的政治和人文情怀。课程要以马克思主义思想为指导，以课程目标为教学依据，扎实推进习近平新时代中国特色社会主义思想进教材，结合科学系统地进行课堂教学和实践教学，精心选取历史文化资源。要产生潜移默化、润物细无声的教学效果，必须与时俱进、追求教学的艺术性。在教学过程中，设计好每一堂课的思政映射点和融入点。如在讲述红军长征时，通过讲述发生在广西的"湘江战役"，理解伟大的"长征精神"的深刻内涵。应意识到将地方历史文化资源融入"中国近代史"教学，不仅要提高学生对历史知识的认知，引导学生学习科学知

识、培养科学精神、掌握思维方法，而且要从历史教育的角度提高学生的思想道德素养，培养分析问题与辨别历史是非、把握历史规律的能力，为国家培养高素质人才。

（2）实用性原则。所谓实用性即指地方历史文化资源融入"中国近代史"教学的实用价值，其中既体现针对性又突出实效性。地方历史文化资源极其丰富，教师该如何取舍、如何有机融入？首先，应该提倡针对性，中国近代史教材内容体系结构严谨，具有很强的科学性，但也仅止于概括性介绍，对许多历史事件、历史人物等的论述较为简略。因此，地方历史文化资源融入"中国近代史"教学，就是要针对学生学习过程中那些难以理解和系统把握的问题，用学生能够真切感知的地方历史文化资源，帮助学生深层次地把握近代历史发展的主流和本质，进一步体会历史发展的必然性。其次是实效性。学生对近代历史的基本史实已有一定的认识，但一些学生仅仅是以应付的方式对待。只有真正让更加丰富多样的资源进课堂，进学生头脑，丰富"中国近代史"教学的内容，增进学生学习的兴趣，才能有效地提高"中国近代史"课程教学的实效性。教师应将种类丰富、富有地方特色的历史文化资源，结合教材主要内容，进行科学分类，选用合适的教学方法和教学手段。要考虑课内外教学的可操作性、体系性，根据教育教学规律和学生的认知发展规律，选取符合教学目标、贴近学生生活实际的地方历史文化资源，选取学生喜闻乐见的方式呈现。要通过激发学生的学习热情，深化学生对教学重点的认识，使内容繁多的知识点更便于学生理解和接受，引导学生坚定"四个自信"。

（3）适度性原则。所谓适度性，即地方历史文化资源融入"中国近代史"课程教学时，要处理好地方历史文化资源与教材的关系，也就是说，融入"中国近代史"课程教学中的地方历史文化资源的广度和深度要适当。首先，要明确中国近代史教材与地方历史文化资源的主辅地位，"马工程"《中国近代史》教材作为本科生通用的教材有着权威性、严肃性和科学性，是对大学生进行近代历史教育的主要载体，地方历史文化资源仅作为教材的补充起到丰富和优化教材内容的作用，决不能舍本逐末、主辅轻重颠倒。

（4）典型性原则。选择地方历史文化资源时要有典型性。要与教材内容密切相关，并且具有开发利用价值，不能全然游离于教材内容之外，把

"中国近代史"教学变成地方历史知识讲座。要适当选择地方历史文化资源中那些真实可信，又具有典型意义的史实，导入到课程内容体系中，穿插到课程教学过程中。在这当中，既要考虑选材的广度，如果范围太窄，说明不了问题；又要注意选材的深度，如果深度不够，解决不了问题。

总之，地方历史文化资源融入"中国近代史"课程教学，根本目的是帮助学生加深对中国近现代历史发展规律的认识以及对"国史""国情"和"三个选择"的理解，发挥课程育人的功能。

结　语

随着高等教育改革的不断深入，高校教师要切实遵照"高阶性、创新性、挑战度"的标准，创建教学模式，打造高效课堂，促进教学实效性的不断提升。目前，许多高校教师通过研究"中国近代史"教学内容、教学方法，充分利用地方历史文化类别多、精神底蕴深厚、具有较高的历史价值和时代价值的特点，不断拓展研究领域和视角，推动教学改革，以提高学生的综合素质为课堂教学的根本出发点和归宿，建立有效的课堂教学模式，促进教学实效性和人才培养质量的提高，达到知识传授和能力培养的有机统一。在当代教育理念中，要求把学生作为学习的主体，以教师作为主导。教师不仅关注对学生的知识教授，而且关心他们内在的需求。教学的首要任务是向学生传授系统的文化知识，这就决定了课程内容在教学改革中的核心地位。目前，我们在教育理念、教学方式与教学技能上做了许多有益的探索，取得了许多成绩，但我们也应重视教学内容的改革，要与时俱进，使之与理念、方法上的改革协同发展，共同促进，进一步构建好历史高效课堂。

人类命运共同体视域下"世界现代史"课程"经济全球化"的教学与育人价值

经济全球化是自第一次工业革命以来世界经济史的重要议题和主要特征。进入 21 世纪后经济全球化加速推进,但近年来这一进程遭遇挑战,特别是 2008 年世界金融危机引发欧美多国贸易保护主义抬头,2020 年新冠疫情暴发后更是出现大规模的逆全球化或者去全球化现象。新形势下经济全球化的发展趋势和诸多挑战,是当今国际社会的重要理论与实践问题。世界各国已经开始形成了你中有我、我中有你的命运共同体,经济全球化的历史大势必然不可逆转。但一方面,反对经济全球化的思潮从未断绝,并且近年来愈演愈烈;另一方面,经济全球化本身作为一把"双刃剑",其固有若干弊端下的诸多问题和挑战亦不利于世界经济的开放、平衡与互利共赢。面对百年未有之大变局背景下的经济全球化和逆全球化问题,学界不遗余力地探讨引领新型经济全球化的思维与方案。"人类命运共同体"理念的提出,为经济全球化的发展指引了新方向。

当下高校历史学专业的教学实践中,对经济全球化问题有所涉及但不够系统。就世界现代史而言,诸如 19 世纪晚期第二次工业革命后世界经济融合进程加速、1929—1933 年经济大萧条背景下的资本主义世界高筑贸易保护壁垒等,深刻影响着现代世界的历史发展进程。但这些元素在现行世界现代史教材中的份额却较为有限,特别是作为经济全球化对立面的逆全球化鲜有提及。教材是高校历史教学的主要载体,也是历史知识传播的重要途径。历史学专业学生对经济全球化历史的认知,不仅关切到对世界现

---

* 朱华进,广西民族大学民族学与社会学学院历史系副教授。

代史知识脉络的整体认知与掌握，而且有助于理解当下世界经济运行的规律和问题。

一、世界现代史的经济全球化书写

第一次工业革命"首次开创了世界历史，因为它使每个文明国家以及这些国家中的每一个人的需要的满足都依赖于整个世界，因为它消灭了各国以往自然形成的闭关自守的状态"。① 生产要素的全球性大规模流动初步成熟，资源配置不断优化，大众型商品的国际流动成为普遍现象，各国经济融合加速，世界经济的整体性不断呈现。从 19 世纪晚期到第二次世界大战结束，大规模的经济全球化与反全球化浪潮主要包括 19 世纪 90 年代欧美贸易保护主义回潮、20 世纪 20 年代资本主义世界经济繁荣、1929—1933 年经济危机后资本主义国家关税战与货币战等，均对该时期的国际政治外交产生重要影响。

（一）19 世纪 90 年代欧美贸易保护主义回潮

法国通过 1860 年《英法商约》把自由贸易火种引入欧洲，并迅速在欧洲大陆形成燎原之势，出现近代以来真正意义上的第一次经济全球化浪潮。诸国签订了数十个双边优惠贸易协定，欧洲自由贸易达到顶峰，同时以金本位为基础的国际货币体系基本上把世界主要国家连接起来，成为世界经济的重要调节系统。而 1873 年爆发的世界经济慢性萧条后，重新获取养分的贸易保护运动形成对自由贸易的挑战，再度成为欧洲大陆主要国家贸易政策的基调。W. 坎宁安把 1870—1880 年这 10 年称为"大分化"阶段，即科布登式自由贸易主义世界的破灭和保护主义的回归。② 德国 1879 年、1885 年、1887 年和 1902 年的关税法，法国 1885 年、1887 年和 1902 年的关税法，奥匈帝国 1882 年、1887 年和 1906 年的关税法，意大利 1887 年和 1888 年的关税法等，均突出了贸易保护的主旨。特别是法国 1892 年

---

① 中共中央马克思恩格斯列宁斯大林著作编译局. 马克思恩格斯选集：第 1 卷［M］. 北京：人民出版社，2012：194.

② Cunningham W., *The Rise and Decline of the Free Trade Movement*［M］. Cambridge：Cambridge University Press，1905：92.

的《梅里纳关税法》标志着欧洲大陆自由贸易最后堡垒被攻破，出现了恩格斯所说的"保护关税狂热"局面。[①] 由于缺乏国际性的经济组织进行协调，当相互制裁升级，贸易摩擦，乃至激烈的贸易战便成为必然。该时期欧洲大陆贸易战频发。主要包括 1886—1893 年奥匈帝国—罗马尼亚贸易战、1886—1898 年法国—意大利贸易战、1892—1895 年法国—瑞士贸易战、1893—1894 年德国—俄国贸易战、1906—1911 年奥匈帝国—塞尔维亚贸易战、1908 年奥匈帝国—保加利亚贸易战等。此外，还有若干严重的贸易摩擦，如 1894—1899 年德国—西班牙贸易摩擦、1908 年奥匈帝国—土耳其贸易摩擦等。直到 1896 年后，利润的恢复治愈了经济慢性萧条这一顽疾，此后到"一战"爆发前，这一时期成为欧美等国在经贸上的"美好时代"（Beautiful Times）。

19 世纪晚期欧洲大陆贸易保护主义的兴起与频繁贸易战，是对全球化的一种反击，正如都柏林大学圣三一学院经济学教授凯文·奥罗克（Kevin H. O'Rourke）指出："历史表明，全球化可植入自我毁灭的种子。这些种子于 19 世纪 70 年代播下，在 80 年代发芽，到世纪之交蓬勃发展，然后在两次世界大战之间的黑暗岁月中盛开。"[②]

（二）20 世纪 20 年代的经济全球化

"一战"结束后，随着欧洲的稳定与和解，资本主义世界的经济贸易等均有着不同程度的恢复和发展。"第一次世界大战标志着国家间商业关系史上一个时代的结束。"[③] 虽然因大战而被中断的国与国之间的贸易关系未能得到根本性恢复，但国际社会建构新型国际贸易关系的尝试一直存在，如：美国威尔逊总统"十四点计划"当中的第三点便为"取消一切经济壁垒，建立贸易平等条件"；国际联盟财政委员会（Finance Committee of the League of Nations）对中欧和东欧的一些国家进行财政监督，以阻止欧洲国家边界增加前提下关税壁垒的强化；1927 年国际联盟召开有五十五国

---

① 马克思. 资本论［M］//马克思恩格斯全集：第 25 卷. 北京：人民出版社，1972：138.

② O'Rourke. *Globalization and History：The Evolution of a Nineteenth – Century Atlantic E-conomy*. Cambridge［M］. Mass：MIT Press，1999：93.

③ ［英］彼得·马赛厄斯，悉尼·波拉德. 剑桥欧洲经济史：第八卷［M］. 王宏伟，钟和，等译. 北京：经济科学出版社，2004：160.

参加的战后首次世界经济会议，尝试推动国际贸易全面自由化；之后国际联盟于 1930 年举办的关税休战会议，同样也是一次普遍的经济协调会议。众多尝试推动自由贸易的人都认为，经济壁垒是建构长久和平的首要障碍，经济矛盾是国家间政治冲突的根源之一。凡尔赛体系对德国签订贸易条约的限制被放松后，欧洲贸易协定的数量迅速增加。没有受到根本触动的金本位制度有助于维系世界经济的联动。

与此同时，国际垄断组织如卡特尔、辛迪加、托拉斯等的高度发展推动生产国际化。而在"一战"中应用于军事的若干现代科学技术转化为民用，为经济全球化发展提供技术支持，技术的引进与转让也开始构成国际经济贸易的一部分。

但这一波经济全球化浪潮仍然隐藏着若干破坏因素。一是部分国家在国际货币金融长期动荡的基调下，为实现财政平衡而对外贸课以重税，加上民族主义在世界范围的高涨和"民族自决"理念的盛行，都阻碍了经济全球化的铺开。二是诸多非关税措施开始广泛应用，为国际经贸的自由流通设置了隐蔽的障碍。三是社会主义国家苏联执行计划经济，游离于世界经济体系之外，与西方资本主义国家的经贸关系长期非正常化，经济全球化的影响范围有局限。与此同时，"一战"前固守自由主义的英国，作为欧洲自由贸易最后的堡垒，在"一战"末期即 1917 年已经确立了转向贸易保护主义的基调，通过 1921 年《保卫工业法》（*The Safeguarding of Industris Bill*）宣告放弃绝对自由贸易，开始转向有限的贸易保护。法国议会在 1920 年授权政府可自发提高对进口外国产品的关税，开启了法国逐渐回归保护主义的新阶段。甚至在"一战"后期，即 1916 年 6 月召开的协约国巴黎经济大会，与会国商量战时对同盟国的经济政策的同时，也规划战后对德国等敌对国的商贸政策，包括：数年内不得向敌国提供最惠国待遇；为了摧毁其商业、工业和农业，要对敌国的商品进口进行诸多限制；协约国联合提高自身经济的独立性，在原材料和重要工业品领域尽可能不依赖敌国等。[①] 这些协议虽然在战后没有得到执行，但反映了英法意图采取贸易遏制、经济封锁等方式，预防战后德国经济的恢复，20 世纪 20 年

---

① O. Delle Donne. *European Tariff Policies Since the World War* [M]. New York：Adelphi Company，1928：73 – 75.

代欧洲的经济全球化进程也因此早早遇到了阻碍。

（三）1929—1933 年资本主义经济危机与经济全球化的逆转

"马工程"《世界现代史（上）》第七章第一节对 1929—1933 年资本主义经济危机及其主要影响作了专门论述，主要论及经济危机的爆发、表现、产生原因和深远影响等内容，突出其推动欧洲和亚洲两大战争策源地的形成。但若干重要事件仍需要深挖。如美国胡佛总统时期颁发的《斯姆特－霍利关税法》，"远远超出了对美国进口和国际收支的作用，已触及世界经济稳定问题的核心"[1]，引导美国乃至世界经济踏入更深的泥沼，宣告世界告别自由贸易的时代，大国经贸关系陷于紧张。

经济大萧条及延续并非意味着经济全球化彻底停滞。美国罗斯福政府在 20 世纪 30 年代中叶与苏联签订系列贸易协定，东西方贸易开始增多。即便在"二战"期间，经济全球化进程并未彻底中止。在"二战"末期，关税与贸易总协定、世界银行、国际货币基金组织这三大国际经济组织诞生，并迅速成为调节国际经济关系的关键，特别是关税和贸易总协定，因较好解决了工业国之间争夺资源和市场的矛盾，被认为是"世界大战的终结者"。这也意味着经济全球化自此告别自发状态而有了制度保障，全球多边贸易体制成为现实。伴随着发达资本主义国家迈入经济高速增长期，经济全球化发展到了新阶段。

综上，20 世纪上半叶的经济全球化，因两次世界大战而多次反复，直到"二战"后才迈向新阶段。

二、人类命运共同体视域下经济全球化的教学价值

如上所述，经济全球化是世界现代史进程的重大议题，是人类社会发展的必然结果。从人类命运共同体视角探讨世界现代史中的经济全球化问题，不仅可以拓展学生对大国现代政治经济史的理解，而且有助于学生更深刻把握经济全球化与国际政治秩序演变之间的关联。

---

[1] ［英］彼得·马赛厄斯，悉尼·波拉德. 剑桥欧洲经济史：第八卷［M］. 王宏伟，钟和，等译. 北京：经济科学出版社，2004：155.

1. 弥补教材不足，推动学生对大国现代政治经济史的理解

教材是历史学专业本科生获取历史知识的重要载体，其编写理念和方法均深刻影响教与学的双向互动。当下"马工程"《世界现代史（上）》关于 20 世纪上半叶世界经济演变的内容安排，通常以抨击垄断资本主义发展进程中引发的诸多弊端为主，特别是垄断组织深刻影响世界经济运行的现象。而 20 世纪上半叶的世界经济全球化与逆全球化，与该时期的世界历史进程紧密关联。自 19 世纪晚期资本主义迈向垄断阶段，帝国主义列强的政治运行与垄断组织的命运相联系，后者则是经济全球化的重要主角。彼得·古勒维奇认为，如何应对 19 世纪 70 年代的资本主义世界经济慢性萧条，已经成为欧洲每个国家政治生活的重要议题，使得国家不同的政治群体自发溶解分歧并重新组合，从而影响国家的政治走向，典型代表是德国的"铁—麦同盟"。① 而现行世界现代史教材未能对此展开分析，更多的是把"资本主义国家之间经济发展不平衡"导致列强之间的经济竞争和殖民地掠夺，作为"一战"爆发的经济根源。再如，在 20 世纪 20 年代，资本主义世界的经济整体趋于恢复与稳定，经济全球化虽然面临一些阻碍，但仍在缓慢推进，助推资本主义社会迈入相对稳定期并出现部分繁荣。现行教材更多强调资本主义世界经济繁荣背后的问题与风险，作为 1929—1933 年资本主义世界经济大危机的伏笔。由此可见，在世界当代史教材中更多渗透经济全球化与逆经济全球化的历史，探析不同国家在此进程中的应对措施及背后反映的政治形态转向，可推动学生加深对现代世界政治经济史的理解。

2. 有助于学生深刻把握经济全球化与国际政治秩序演变之间的关联

20 世纪上半叶世界历史发展进程中的经济全球化和逆全球化，特别是带有强烈经济民族主义色彩的贸易保护浪潮，对该时期错综复杂的大国关系演变具有微妙作用。"一战"前德俄贸易冲突和法意贸易战，典型呈现了法德矛盾——欧洲大陆国际关系的底色和核心——在第三方国家的博弈，即法国与德国在双边经贸陷入"奇怪的平静"局面时，其政治军事竞争通过俄国与意大利这两个与法德均存在较深的政治、经济纠纷的中等实

---

① ［美］彼得·古勒维奇. 艰难时世下的政治——五国应对世界经济危机的政策比较［M］. 袁明旭，朱天飚，译. 长春：吉林出版集团股份有限公司，2009：130.

力国家得到一定的展现。包括"一战"前奥匈帝国—塞尔维亚贸易战的结果深刻影响到欧洲两大阵营的形成与巩固。总之，19世纪晚期欧洲大陆贸易保护主义浪潮至少从某些方面直接或间接地对"一战"前的大国关系，特别是两大对立政治军事同盟的演变产生影响。再如苏联成立后，西方国家意图以经济封锁等方式把这个社会主义国家扼杀在早期阶段，使其与世界市场隔离，苏联"新经济政策"的执行效果也因此大打折扣。但资本主义世界经济危机下的商品和资本过剩，使得以美国为首的部分国家不再固守意识形态，转而向苏联输送资本、商品和技术等，苏联也专门设置"外国咨询中央局"加以对接，从而为苏联完成"一五"计划，从农业国转变为工业国提供了外部条件。而在20世纪30年代，"民族主义与经济政策之间相互影响，贸易问题与军事问题相互交织"。[①] 经济民族主义成为部分国家妥协外交政策的重点，而德国政府把对内经济干预和对外政策调整相结合，成为经济政策创新与极端民族主义交融的代表。美国胡佛政府时期颁发《斯姆特－霍利法案》，大幅提升诸多进口商品的关税，引发全面的国际贸易冲突，被认为是20世纪30年代国际关系动荡的根源之一。

"经济全球化的实质在于全球的经济行为对世界政治体系产生根本性的影响，而后者又反过来对前者发生巨大作用。"[②] 因此，在世界现代史教学中，把握20世纪上半叶经济全球化进程，透视其背后隐藏的大国外交关系的演变，有助于学生更深刻理解该时期国际政治秩序变迁的政治经济根源与逻辑。

三、人类命运共同体视域下经济全球化的育人价值

经济全球化既是当今国际社会的重大理论与实践问题，也是中国式现代化进程中绕不开的一个主题。构建人类命运共同体作为解决经济全球化问题的中国方案，彰显了中国的大国担当与世界胸怀。结合人类命运共同体理念，在世界现代史教学中凸显经济全球化问题，具有重要的育人价值。

---

① ［美］彼得·古勒维奇. 艰难时世下的政治：五国应对世界经济危机的政策比较［M］. 袁明旭，朱天飚，译. 长春：吉林出版集团股份有限公司，2009：186.

② 叶江. 大变局：全球化、冷战与当代国际政治经济关系［M］. 上海：上海三联书店，2004：252.

1. 培育学生的文明和谐世界发展价值观

"随着全球化朝着开放包容和普惠共赢的方向发展，以及与之具有同等意义的人类命运共同体的构建，世界历史发展的内在矛盾，即资本逻辑所导致的国家之间的不均衡发展和不平等分配，也将得到解决。"① 20 世纪上半叶的经济全球化，是基于帝国主义列强殖民掠夺和不平等国际商贸基础之上的发展模式。20 世纪下半叶则突出为以新自由主义为理念的经济全球化。时至今日，由发达资本主义国家主导的经济全球化已经驶入死胡同，人类命运共同体理念下的经济全球化，打造全球发展共赢链，是对传统经济全球化的超越。

当前世界经济发展中的诸多重大调整，无一不昭告着以西方式价值观为主流取向的经济全球化模式，已经无法适应新的时代潮流。人类命运共同体视域下的经济全球化历史教学，有助于学生在理解和对比 20 世纪上半叶资本主义强国主导下的经济全球化与人类命运共同体理念下的经济全球化，在此基础上生成对中国发展的认同，增强其家国情怀。

2. 有助于从历史视角理解当今世界经济秩序的运行逻辑

纵观 2008 年国际金融危机以来全球经济一体化的进展面临诸多不稳定性和不确定性，但经济全球化的客观历史进程并未因为若干附带性问题而遭到逆转，退回到封闭割裂的时代。19 世纪晚期欧洲大陆主要国家和美国贸易保护主义回潮，但英国依然保持自由贸易的状态，凭借其在世界经济中占据的重要份额，加上第二次工业革命的余热，保障了经济全球化的推进。而 1929—1933 年资本主义世界经济大萧条，表面而言导致经济全球化的极大退步，主要资本主义国家纷纷高筑贸易保护壁垒。但也有若干现象依然彰显着经济全球化的事实：一是社会主义国家苏联的经济未曾受到经济大萧条的深刻冲击，反而与资本主义世界的经济互动日益频繁，苏联第一个五年计划和第二个五年计划，一定程度上因为大量来自美国、德国、英国等过剩的资本、设备、技术及人才等，得以迅速达成目标，一跃成为欧洲第一和世界第二的工业强国。二是国际社会并未完全放弃对挽救经济全球化的努力，一系列国际经济协调会议便是有力证明。因此，虽然当前

---

① 杨洪源. 人类命运共同体对世界历史理论的创新与发展 [N]. 中国社会科学报，2022 – 07 – 29（004）.

诸多迹象显示逆全球化的压力持续加大，英国和美国分别作为 19 世纪与 20 世纪经济全球化的领导者，此时讽刺性地成了逆经济全球化的鼓吹者，但经济全球化仍然是大趋势。通过世界现代史课程对经济全球化和逆全球化这一话题的梳理与探讨，可让学生更深刻理解习近平总书记于 2018 年首届中国国际进口博览会开幕式上的主旨演讲中提出的"经济全球化是不可逆转的历史大势"这一论断，并以历史的眼光审视当下世界经济运行背后的规律。从世界现代史的发展趋势中回击"普适价值论""历史终结论"等错误论调，把握人类命运共同体理念，积极扬弃资本主义文明。

3. 深切认同新时期中国特色大国外交的实践

构建人类命运共同体理念的提出，为解决经济全球化进程中遇到的世界性问题提供中国方案和中国智慧。"人类命运共同体，顾名思义，就是每个民族、每个国家的前途命运都紧紧联系在一起，应该风雨同舟，荣辱与共，努力把我们生于斯、长于斯的这个星球建成一个和睦的大家庭，把世界各国人民对美好生活的向往变成现实。"[①] 20 世纪上半叶美国威尔逊总统"十四点原则"中提倡的消除一切经济壁垒、建立贸易平等条件的理念，表面而言是各国机会平等的经济全球化主张，但世界各国经济发展水平不一和经济结构各异，绝对的公平实质上最有利于经济实力超强的美国掌控世界经济。与此同时，中国富有特色的经济全球化实践表明，中国的发展道路与 20 世纪上半叶的苏联模式截然不同：后者更多把经济全球化视为资本主义生产方式和资本扩张的方式，因此以对抗姿态面对，其自绝于经济全球化浪潮之外的后果之一便是在与资本主义国家的较量中处于弱势；中国主动融入经济全球化的方式之一是把经济全球化视为中性观念，认为社会主义建设进程与经济全球化之间存在紧密关联，从而建立社会主义市场经济。而"人类命运共同体"的理念和实践，表明中国作为社会主义国家的典范，不仅是支持经济全球化的重要力量，更意味着中国正在携手世界各国克服传统经济全球化模式的困境（20 世纪上半叶的两次世界大战深刻证明了资本主义主导的经济全球化存在根本缺陷），建构以"持久和平、普遍安全、共同繁荣、开放包容、清洁美丽"为目标的新世界，让世界更全面认识到新式经济全球化的价值和社会主义中国在国际外交舞台

---

① 习近平. 论坚持推动构建人类命运共同体 [M]. 北京：中央文献出版社，2018：510.

上的责任担当。

2012 年 11 月中共十八大提出人类命运共同体理念至今已十余年，这一提法已经在国际社会得到了广泛的赞誉与认同。联合国大会在 2022 年 11 月将"人类命运共同体"理念写入联大一委三项决议便是有力证明。特别是 2023 年来美国、瑞士等国的金融机构连续破产或者濒临破产，引发全球关于重蹈 2008 年世界金融危机的噩梦。西方社会反全球化的浪潮表明人类命运共同体视域下的经济全球化理念不可能一蹴而就，但相较于数百年经济全球化以来的"弱肉强食"的丛林法则和"你输我赢""赢者通吃"的零和博弈思维，人类命运共同体理念指导下的新型经济全球化是合作、共赢、发展与和平的全球化。或者说人类命运共同体建构本身便是经济全球化的一个过程。"人类命运共同体体现了对经济全球化衍生矛盾的化解之道，呈现为历史进步的客观选择。"①

---

① 张金金，余金成. 经济全球化与人类命运共同体历史性生成 [J]. 社会主义研究，2021 (6)：148 – 155.

地方红色文化资源融入
"中国近代史"课程教学研究*
——以桂北为中心的探讨

龙小峰**

红色资源承载着党和人民百年来英勇奋斗的光荣历史，是传承红色基因、赓续精神血脉的生动教材。高校承担着为社会主义培养接班人的重任，这就要求我们在历史学专业课教学中必须十分重视对党在革命时期遗存下来的红色文化资源进行挖掘，将其根据课程大纲进行精心设计进而有机结合到教学实践中，做到将专业课程教学与"课程思政"建设紧密结合，在专业课程教学中实现立德树人的目标。就"马工程"重点教材《中国近代史》①而言，广西作为革命老区经历了土地革命、抗日战争和解放战争，各地遗存有丰富的红色文化资源，这些特色鲜明的地方红色文化资源蕴藏着十分丰富的思想政治教育素材，在"中国近代史"课程建设及其教学中具有举足轻重的特殊作用。因此，在"中国近代史"课程教学中可以结合教材内容进行精准设计，适当将广西的红色资源运用到教学过程中，这样更能让学生直观体验和感受中国革命的伟大历程和感人事迹，以此不

* 本文系 2023 年度国家民委高等教育教学改革研究项目"铸牢中华民族共同体意识视域下民族院校《中华民族史》课程开发与建设研究"的阶段性成果。

** 龙小峰，广西民族大学民族学与社会学学院副教授，研究方向为近代史、民族史。

① 《中国近代史》编写组. 中国近代史 [M]. 北京：高等教育出版社、人民出版社，2020.

断提高"课程思政"在历史专业课程教学中的特殊性。而要将红色文化资源融入"中国近代史"课程的教学实践过程中,则要重视红色文化资源的发掘,做好教学资源库建设,在此基础上,将红色文化资源在教学过程中做到精准设计。

一、地方红色文化资源融入"中国近代史"课程教学的必要性

习近平总书记指出:"历史是最好的教科书,通过学习党史、国史,认识和把握革命、建设、改革各个历史时期创造的丰富经验,可以获得思想的启迪、知识的武装,提高工作本领,站在历史的深厚基础上更加坚定地走向未来。"[①] 因而"学习党史、国史,是我们坚持和发展中国特色社会主义、把党和国家各项事业继续推向前进的必修课。这门功课不仅必修,而且必须修好。我们要继续加强对党史、国史的学习,在对历史的深入思考中做好现实工作、更好走向未来"[②]。

习近平总书记的讲话精神为"中国近代史"课程在培养新时代中国特色社会主义事业接班人的过程中所要发挥的作用指明了方向,即通过"中国近代史"课程帮助当代大学生认识到近现代中国社会发展和革命发展的历史进程及其内在的规律,了解国史、国情;帮助他们深刻领会历史和人民为什么选择了马克思主义、为什么选择了中国共产党、为什么选择了社会主义道路的历史逻辑;让他们深刻理解近现代中国是革命先烈和人民群众前赴后继为救亡图存和实现中华民族伟大复兴而英勇奋斗和不断艰苦探索的光辉历史;尤其是全国各族群众在中国共产党的领导下,经过新民主主义革命,推翻了帝国主义和封建主义赢得了民族独立和人民解放的历史;经过社会主义革命、建设和改革,把一个极度贫弱的旧中国逐渐变成一个初步繁荣昌盛、充满生机和活力的社会主义新中国的历史;认清只有在中国共产党领导下,坚持社会主义道路,才能救中国和发展中国。

为此,《中国近代史》教材作为马克思主义理论研究和建设工程重点

---

① 习近平. 论中国共产党历史 [M]. 北京:中央文献出版社,2021:15.
② 习近平. 论中国共产党历史 [M]. 北京:中央文献出版社,2021:15 – 16.

教材，其编写主要立足于全国的普遍情况，聚焦于从宏观的历史叙述中总结出近代中国革命发展和中国社会发展的历史规律，这是"中国近代史"课程所肩负和需要完成的历史使命。然而，作为全国性的"马工程"重点教材，《中国近代史》的编写立足全国普遍性和统一性的特点，以及采用宏观历史叙述的呈现方式，会带来两个方面的影响：一方面，立足于宏观叙事的方式会导致对一些历史事实缺乏较为详细的论述，从而导致历史事件众多，但其相互密切联系的逻辑关系缺乏详细论证的情况；另一方面，中国革命的奋斗历史进程惊心动魄，充满艰险，如史诗般波澜壮阔，在日常教学中如若仅仅是泛泛而谈，则既不能使学生深入了解中国近代社会发展变化的历史规律，也不能引起学生在情感上的共鸣。

2019 年 3 月 4 日，习近平总书记在看望参加政协会议的文艺界社科界委员时指出："共和国是红色的，不能淡化这个颜色。"① 综上所述，习近平总书记对党史、国史以及对红色文化资源的重要论述，要求我们在历史学专业课程教学中必须十分注重发挥历史学科在落实"课程思政"建设中的独特优势，充分挖掘和利用地方红色文化资源，将其有机结合到教学实践中。就"中国近代史"课程而言，广西作为革命老区，各地广泛遗存且特色鲜明的地方红色文化资源蕴含着丰富的思想政治教育素材。这些素材对于"中国近代史"课程建设及其教学都具有重要的补充作用，将地方红色文化资源整合融入课程教学有利于培养学生由"爱家乡"自觉升华到"爱祖国"的情感。因此，在"中国近代史"课程教学中可以结合教材内容适当取舍，运用本地红色资源进行教学，让学生对历史规律有着更加直观的感受，以此实现历史学科在"课程思政"建设中所体现的独特的学科优势。而要将红色文化资源融入"中国近代史"课程的实践教学过程中，则要重视红色文化资源的发掘，做好教学资源库建设，在此基础上，将红色文化资源在教学过程中做到精准设计。

---

① 习近平. 论党的宣传思想工作 [M]. 北京：中央文献出版社，2020：28.

二、桂北红色文化资源在"中国近代史"课程教学中的运用

就桂北地区而言，要做到将红色文化资源运用到"中国近代史"课程的教学过程中，首先要做好桂北红色文化资源教学资源库的建设，并且需要根据红色文化资源的类型逐一梳理桂北红色文化资源的分布情况。这是将红色文化资源运用到课程教学中的前提。为此，我们将桂北红色资源按类型进行整理，具体见表1。

表1　桂北红色文化资源类型及分布情况表①

战役发生地	红军长征过湘江平山渡口、全州脚山铺阻击战旧址、红军长征过湘江凤凰嘴渡口、红军长征过湘江大坪渡口、灌阳新圩阻击战旧址、兴安界首阻击战旧址、兴安光华铺阻击战旧址、桂林保卫战之屏风山旧址、桂林保卫战之猫儿山旧址、桂林保卫战之七星岩旧址
纪念馆、纪念碑	兴安县红军长征突破湘江烈士纪念碑园，苏蔓罗文坤张海萍革命烈士纪念碑，临桂县革命英雄纪念碑，桂北人民武装斗争纪念碑，龙胜各族自治县革命烈士纪念碑园，新圩酒海井红军烈士纪念碑，桂北武装斗争纪念碑园，临桂县革命英雄纪念碑园
遗址、遗迹	桂北起义指挥部旧址，《救亡日报》社印刷厂旧址，《大公报》旧址纪念碑，桂林保卫战第31军抗日指挥所遗址，何信纪念馆，桂西游击队指挥部旧址，第二、第三届农民运动讲习所旧址（育才小学），桂林东里小龙潭韦拔群秘密办公室旧址，兴安界首红军堂，龙胜红军楼，八路军驻桂林办事处，龙胜红军岩，兴安县千家寺寨红军标语楼，中共桂林市城工委革命文物陈列馆，夏衍桂林住所旧址，桂林办公厅旧址，广西建设研究会旧址，美国飞虎队桂林秧塘机场遗址，桂北各地遗存的红军标语等

---

① 资料来源：中共广西壮族自治区委员会党史研究室. 红色留踪——广西革命遗址遗迹览胜（上、下册）[M]. 南宁：广西民族出版社，2012：50–371；李建平等. 中国西部抗战遗址调查与保护利用 [M]. 桂林：广西师范大学出版社，2017：83–87.

（续上表）

烈士陵园及陵墓类	桂林市七星公园陈光烈士墓及纪念塔、张署墓、桂林市七星公园三将军及八百壮士墓、资源县烈士陵园、全州县湘山寺烈士陵园、恭城瑶族自治县烈士陵园、灌阳县革命烈士陵园、荔浦县烈士陵园

我们可以将这些红色资源与《中国近代史》教材进行精准设计，在课堂上根据"中国近代史"课程的学习内容和目标，灵活有效地利用红色资源开发课程资源。例如：在第八章"五四运动与中国共产党的成立"中可以将桂北起义指挥部旧址，第二、第三届农民运动讲习所旧址，桂林东里小龙潭韦拔群秘密办公室旧址等红色资源，融入第三节"中国共产党成立"第四目"中共领导的工农运动"等章节中进行教学；在第十章"国民党在全国统治的建立与土地革命战争"中可以将兴安界首红军堂、红军过湘江系列战役遗址、兴安县红军长征突破湘江烈士纪念碑园、兴安县千家寺红军标语楼、龙胜红军岩标语、龙胜红军楼等红色资源融入第二节"中国共产党领导的土地革命"第六目"红军长征"中进行教学；在第十二章"全民族抗战的坚持与胜利"中，可将《救亡日报》社印刷厂旧址、《大公报》旧址纪念碑、八路军驻桂林办事处、桂林市七星公园三将军及八百壮士墓、桂林保卫战系列遗址等红色资源融入第三节"全国抗战时期的经济、政治与文化"以及第五节"抗日战争的胜利"第三目"豫湘桂战役的溃败"等相关章节中进行教学。在课堂教学中深挖红色资源背后的感人故事，可以加深学生对中国共产党领导全国人民为实现民族独立和人民解放进行艰苦卓绝革命的伟大历程的认识和体验。

总体而言，将红色文化资源运用于"中国近代史"课程教学，可以在两个方面进行教学设计：

（一）可以将桂北红色资源用于课堂教学

在红色资源运用于课堂教学前要做到精准设计、明确目的。比如红军长征过桂北时留下了大量的红军标语，大多留存至今。这些红色资源的素材如能精准设计并运用到教学过程中，将会让学生直观领会到"中国近代史"课程的教学目的。

如红军经过兴安、龙胜一带留存下来的红色标语"当红军有田分"

"白军是豪绅地主的军队！"① "打土豪分田地！""红军是为着工农自己利益求解放而打仗！""共产党是全世界无产阶级的政党！"② 等，直观地向学生呈现了共产党和红军的基本政治主张，鲜明地展现了共产党是一个什么样的党，红军是一支什么样的队伍。

又如 "反对李宗仁阻止我红军北上抗日！""全国民众全部武装起来对日作战！""白军弟兄不抵抗我红军，参加红军北上抗日！"③ 等红军标语，破除了国民党在舆论上污蔑共产党不顾国家安危、出卖民族利益的谎言。这些标语让老百姓认识到，"既然国民党舆论上宣传共产党、红军与日本勾结，那为什么他们又要提出北上抗日的口号呢？" 从而向学生展示了中国共产党抗日救国的形象。

再如，1934 年 12 月 4 日，红一方面军翻越老山界后，红三军团四师进入龙胜县境。红军深入瑶寨与瑶民促膝谈心，了解民众疾苦，还邀请曾参加 1933 年桂北瑶族起义（失败后藏身在龙胜）的五位起义领袖在山洞中座谈，鼓励他们继续斗争，为此在龙胜红军岩上写下了 "红军绝对保护瑶民""继续革命，再寻光明" 的标语。此后，红军根据广西少数民族地区的特点，书写了许多具有民族地方特色的标语，如 "红军和瑶民是一家人，我们要协力同心扫除李宗仁、白崇禧！"④ "帝国主义、国民党军阀财富者，是汉族工农与苗族工农共同的敌人！""共产党是主张民族平等、民族自治、解放弱小民族的！"⑤ 等。这些标语以通俗易懂的语言、浅显的道理、鲜明的对比，宣传了红军与白军的本质区别，揭露了国民党阶级压迫和剥削的本质，宣传了共产党和红军与少数民族血与肉之间的密切关系，从而向学生展示了中国共产党主张民族平等、反对民族压迫的光辉形象。

通过在教学中结合红军过广西留下的标语还可以向学生展现中国共产

---

① 红军标语在兴安县的留存情况，为笔者实地调查兴安县千家寺寨红军标语楼所见。
② 中共龙胜各族自治县委员会党史资料征集小组办公室. 红军长征过龙胜资料汇编：纪念中国工农红军长征胜利五十周年 [M]. [出版地不详]，1986：68.
③ 中共龙胜各族自治县委员会党史资料征集小组办公室. 红军长征过龙胜资料汇编：纪念中国工农红军长征胜利五十周年 [M]. [出版地不详]，1986：68.
④ 中共广西区党委宣传部、中共广西区党委党史研究室. 毛泽东与广西 [M]. 南宁：广西人民出版社，1993：22.
⑤ 中共龙胜各族自治县委员会党史资料征集小组办公室. 红军长征过龙胜资料汇编：纪念中国工农红军长征胜利五十周年 [M]. [出版地不详]，1986：68.

党和红军关心、爱护民众的形象。如长征时期进入广西之后，中国共产党和红军根据广西的实际情况书写了大量号召民众反对新桂系强迫民众修马路的标语，如"反对李宗仁白崇禧强迫民众修炮楼！""不替李、白军阀修炮楼修马路！""反对强占民田修马路！"① 等。"修炮楼""修马路"这些标语口号的提出都是建立在深刻社会研究基础上的。"修炮楼"的目的是桂系军阀为了防止红军长征进入广西而专门征召民夫修建的防御工事；"修马路"反映的是 1934 年 11 月，广西省政府颁布《广西修筑县道办法》②，规定由县长兼任县公路局长，增加粮赋作为筑路经费，而对于修路所征收田地仅仅免除粮税。这些标语号召反对李宗仁、白崇禧强迫百姓修马路，说明红军是关心群众疾苦、代表工农利益的军队，也说明中国共产党和红军十分了解当地群众对桂系李宗仁、白崇禧为修路而强行派工、占用田地、增加粮赋的不满情绪。

（二）桂北红色资源还可以在学生的社会实践教学中进行具体运用

社会实践教学是高校思想政治理论课的一个重要组成部分。地方丰富的红色资源无疑为大学生的社会实践活动提供了有效的载体。学生可以通过实地考察红色遗址、遗迹，参观烈士陵园等社会实践活动，提升学习的现场感、真切感，增强"中国近代史"课程教学的吸引力和感染力。

例如在讲授红军长征的内容时，可以组织学生到兴安县红军长征突破湘江烈士纪念碑园进行实地参观和现场教学，通过组织学生实地观察湘江的地理环境，以及湘江战役红军过湘江时的各个渡口遗址，使学生深刻体会到湘江战役的残酷——红军以每日牺牲 6 000 人以上的代价才得以渡过百米宽的湘江。由此会帮助学生理解为什么在湘江战役之后，广大红军官兵才充分认识到了以博古、李德为首的"左"倾错误路线的危害，进而理解我们党为何迫切需要摆脱"左"倾错误路线的束缚，迫切需要回到以毛泽东同志为首的党中央的正确路线上来的历史逻辑。

教师除了专门组织学生进行实践活动外，还可以在"中国近代史"课程的考核中设置社会实践的考核模块。如笔者在曾经任职的高校，在"中

---

① 传泰. 血战湘江 [M]. 南宁：广西人民出版社，2011：99.

② 广西修筑县道办法 [J]. 道路特刊，1935（6）：17.

国近现代史纲要"课程的考核中，设置了需要学生分小组对革命遗址、遗迹、烈士陵园等红色资源进行社会调查的模块，在社会实践活动完成后还要求学生撰写社会实践报告，以便在最后一周每个小组可以展示自己的实践报告成果。这部分社会实践成绩的分值占总成绩的 30% 。从历年社会实践的效果来看，因为走出了课堂，学生对参与社会实践的积极性异常高涨，几年来也完成了一些非常有意义的社会实践报告，如《抗日战争时期桂林抗战文化城抗日遗迹遗址调查》《侵华日军桂林暴行调查》《长征时期中央红军过广西红色标语留存情况调查》《中央红军长征过广西所经少数民族村寨调查》《桂北老红军访谈口述史》《桂北抗日战争期间损失调查》等。再如，有些学生在实地参观考察了兴安县红军长征突破湘江烈士纪念碑园后撰写的实践报告为《湘江战役遗址调查与红军长征桂系"放水说"之批判》，以大量残酷的历史事实反驳了当今网络上流传的红军突破国民党第四道防线是新桂系"放水"的说法，通过社会实践主动反击广泛流传的历史虚无主义。学生通过到湘江战役发生的地方进行实地考察，不仅自身得到了提升，而且影响了周围的同学，帮助大家树立正确的历史观，达到了思想政治教育过程中学生积极影响学生的良好目的。概而言之，"中国近代史"课程也可以在教学中借鉴以往在实践中行之有效的社会实践教学方式，让学生在社会实践中感受一代又一代的革命先烈为实现民族独立和国家富强而不断为之奋斗的爱国情怀，让学生在社会实践中理解近代中国选择马克思主义、选择中国共产党、选择社会主义道路的历史逻辑。

三、桂北红色文化资源融入"中国近代史"课程教学的建议

（一）加强桂北红色文化资源数据库建设

红色文化资源数据库建设是将红色文化资源融入"中国近代史"课程教学的基础。换言之，要将桂北红色文化资源融入"中国近代史"课程教学，首先需要建立一个功能完善的教学数据库作为支撑，以此才能不断丰富"中国近代史"课程的教学内容。为此，在将红色文化资源运用于"中

国近代史"课程教学前，必须集中力量进行红色文化资源数据库建设，数据库应该既包括红色文化资源的本身，也应包括对红色文化资源运用方面的内容。数据库可以依托独立的专门网站，也可以建立电子资源数据库的形式。在红色文化资源数据库建设的实践中，应根据红色文化资源的不同类型设置不同的子数据库，比如说红色图片资料数据库、红色影音资料数据库、红色文化资源遗址遗迹数据库、红色文化资源备课素材数据库、红色文化资源教学案例数据库、学生社会实践教学建议数据库等。通过团队合作、资源共享的方式，大力收集和整理地方上可用于思政教学的红色文化资源，通过分类形成不同专题，从而为"中国近代史"课程教学提供广泛的地方教学素材。

（二）适当发挥教师在社会实践教学中的引导作用

笔者曾在桂北的一所高校教授"中国近现代史纲要"，该课程一项重要的考核内容是让学生对桂北地区的红色文化资源进行社会实践，并要求撰写社会实践报告，以此作为教师的评分依据。但在社会实践中，受制于学识与理论水平的局限，有部分学生在评价地方历史人物或者历史事件时，存在未能从整体性、全面性对历史人物或历史事件进行评价的情况，这就需要教师进行适当的引导。如部分学生在考察桂林市七星公园三将军及八百壮士墓时，高度赞扬了 1944 年桂林保卫战中阚维雍、吕旃蒙、陈济桓三位将军，以及在桂林保卫战中退守七星岩坚持抵抗而壮烈牺牲的八百多名烈士的丰功伟绩，从而对国民党和国民政府在正面战场的作用和地位给予了高度的评价。在这种情况下，就需要老师适当引导，一方面应充分肯定桂林保卫战中牺牲烈士的历史功绩；另一方面，要启发学生从抗战进入相持阶段后国民党和国民政府战略转变的角度去考察国民党和国民政府的作用和地位，让学生认识到正是因为国民党和国民政府采取消极抗战的政策，才导致了在抗战胜利前夕，在正面战场组织的豫湘桂战役中仍然出现了大溃败的局面。在此基础上结合教材向学生阐释和说明中国共产党领导敌后抗战的情况，让学生在对比中分析中国共产党在抗战中的中流砥柱作用。教师适当的引导，能够帮助学生树立正确的历史观，使学生摆脱历史虚无主义的困扰。概而言之，我们在"中国近代史"课程社会实践活动中也应十分重视教师的引导作用，帮助学生在社会实践活动中掌握正确的方法，培养其正确的世界观和评价体系。

（三）适当引导学生在社会实践中做好各种准备工作

如前所述笔者曾在桂北的一所高校教授"中国近现代史纲要"，该课程一项重要的考核内容是让学生对桂北地区的红色资源进行社会实践，并要求撰写社会实践报告。但是有些学生在社会实践中未能做好相应的准备工作而出现了一些问题，进而影响了社会实践效果。例如：有些学生在社会实践前未能事先规划好出行路线，而是出发之后再临时进行规划，导致无法准时到达社会实践地点；有些学生则未能规划好社会实践的内容和目的，导致部分学生在到达目的地后只是简单地浏览、拍照等；还有的学生出行前未关注天气预报，未随身携带雨具，导致出现因中途下雨而被困的情况。这些都是社会实践环节中的细节问题。在社会实践前，教师应当引导学生重视细节，因为这些细节问题往往会成为影响社会实践效果的重要因素。

结　语

广西作为革命老区，经历了土地革命、抗日战争和解放战争，留存了大量革命时期的遗址遗迹等红色文化资源，这些红色文化资源蕴藏着丰富的思想政治教育素材。一方面，大力发掘地方红色文化资源并将其与"中国近代史"课程进行精准结合，可以让地方红色文化资源进入课堂，补充教材的地方性知识；另一方面，将这些地方红色文化资源融入"中国近代史"课程的社会实践活动中，对于塑造学生的世界观和培养学生的家国情怀具有重要意义，对高校思想政治教育而言具有重要的作用和价值，是传承中华红色基因的重要途径，也是历史学科发挥"课程思政"建设所具有的独特优势。

多学科融合培养文物与博物馆专业硕士的课程改革研究[*]

多学科融合培养文物与博物馆专业硕士的课程改革研究[*]

富　霞[**]

当前我国文博事业正处于高需求、快发展的"黄金机遇期"，国家对考古学及文博专业建设的重视也达到了前所未有的高度。2020 年 9 月 28 日，中共中央政治局就我国考古最新发现及其意义为题举行第二十三次集体学习，习近平总书记强调要高度重视考古工作，努力建设中国特色、中国风格、中国气派的考古学，还特别提出要加强考古能力建设和学科建设；[①]2021 年 11 月 8 日，国务院办公厅印发《"十四五"文物保护和科技创新规划》，明确了"十四五"时期文物事业发展的基本原则，其中包括推进文物和考古学科专业建设，大力加强文博行业人才培养。[②]这些都为文物与博物馆专业硕士（以下简称"文博专硕"）的培养工作指明了教育改革方向，也提出了更高的要求。

---

* 本文系广西研究生教育创新计划教学改革项目"考古学与历史学、民族学学科融合培养文博专硕的课程改革研究"的研究成果。

** 富霞，广西民族大学民族学与社会学学院副研究馆员。

① 习近平. 建设中国特色中国风格中国气派的考古学　更好认识源远流长博大精深的中华文明 [J]. 求是，2020（23）：4-9.

② 国务院办公厅关于印发"十四五"文物保护和科技创新规划的通知（国办发〔2021〕43 号）[EB/OL]. (2021-11-08). http://www.gov.cn/zhengce/content/2021-11/08/content_5649764.htm.

一、文博专硕人才培养研究现状及存在的问题

截至 2021 年，全国开设文博专硕授权点的高校有 72 家，各培养单位依据办学师资和条件一般下设考古学、文化遗产、博物馆学、文物修复与保护等方向。但有关文博专硕教育的研究成果不多，国内相关论文多是就发展现状、专业定位、实践教学、课程体系建设、人才培养模式、专硕和学硕培养同质化等内容展开。教育改革与创新的专题研究仅有数篇，安徽大学魏国锋对高等院校文博专硕的发展现状进行调研，指出文博专硕的培养存在培养"学术化"、实践实验不足、课程体系不合理、双导师制流于形式、质量保障体系不健全等问题，必须健全制度保障，加强培养过程，以保障培养高层次应用型人才；① 上海社会科学院张昱提出，高校文博专业存在学校教育与职业需求脱节的情况，高校要适应跨学科转变，推进学科群建设，建立符合行业需求的知识体系；② 中国现代文学馆姚明对文博专业硕士授权点发展状况进行调查，系统分析授权点发展框架；③ 景德镇陶瓷大学陈宇等基于社会行业发展，探索文博专硕人才培养模式改革策略；④ 内蒙古师范大学赵宇就高校文博专业实践教学发展现状进行分析，研究指出文博专硕应明确学科定位，加强专业技能培训，系统掌握历史学、文献学、科技考古、人类学等多学科理论知识，积极借鉴国外培养模式；⑤ 广西师范大学吴双在课程思政的视域下讨论文博专业实践课程建设，发掘实践课程中的思政元素，开展实践课程的思政内容建构。⑥

① 魏国锋. 高等院校文物与博物馆硕士专业学位的发展现状及措施 [J]. 赤峰学院学报（汉文哲学社会科学版），2019，40（7）：32－36.

② 张昱. 我国高校文博教育现状及发展对策分析 [J]. 东南文化，2020（3）：38－43.

③ 姚明. 文物与博物馆硕士专业学位授权点发展状况调查报告 [J]. 博物院，2023（1）：67－72.

④ 陈宇，陈天民，周茜茜. 基于社会行业发展的文物与博物馆专业硕士人才培养模式改革策略 [J]. 中国轻工教育，2022（4）：51－58.

⑤ 赵宇. 试论高校文物与博物馆专业实践教学发展的现状 [J]. 太原城市职业技术学院学报，2019（7）：126－128.

⑥ 吴双. 课程思政视域下高校文物与博物馆专业实践课程建设探讨 [J]. 教育观察，2021（41）：24－27.

除公开发表论文外，每年由全国文物与博物馆专业学位研究生教育指导委员会（以下简称"教指委"）组织召开的"文物与博物馆专业硕士人才培养与学科建设研讨会"也设有教育专项研讨环节。2019—2020 年讨论专题为文博专硕核心课程及教学大纲设置①，2021 年专题为文博专硕毕业成果类型及范式研讨，各培养单位结合自身办学资源、课程设置、培养特色做了深入交流。② 但由于各单位办学基础、师资力量、招生生源、经费支持等存在较大的差距，相互可借鉴的经验有限，尤其是招生时间较短的培养单位，对于文博专硕的教育仍处于摸索阶段。随着文博专硕招生院校及人数逐年增加，原为解决文物与博物馆事业发展对高层次专业型人才需求而设立的专业硕士，在培养过程中存在很多共性的问题。主要体现在四个方面：第一，专硕和学硕培养同质化。在以往教指委调研报告以及研讨会的汇报中，都存在很多培养单位学硕和专硕的培养方案、课程设置体系、毕业论文选题、学制、实践模式等趋同的情况。第二，专业实践时长不足。依照教指委专业学位设置方案的指导性文件，文博专硕应在文博考古机构实习实践不少于 6 个月，考古学方向的基本都可以达到，但博物馆和文化遗产等方向的很难做到系统的长时段实践。第三，学制延长，培养质量不高。专业硕士学制原多为两年，部分高校为两年半，但出现毕业论文撰写质量差、培养质量不高等问题。由此很多高校改为三年学制，和学术硕士培养期一致。第四，课程设置不规范。各培养单位下设方向不一样，部分不划分方向，教指委虽下发课程设置的相关意见，但各单位囿于师资、办学条件等，所设课程除专业核心课程外，各方向课程数量较少，且不系统，多以理论课为主。广西民族大学文博专硕招生时间较短，在培养过程中也存在类似的问题。

二、多学科融合培养文博专硕的课程改革措施

2019 年我校文博专硕首次招生 12 人，设置考古学、博物馆学和文化

---

① 林禹岑，黄惟妙，周婧景. 全国文博专硕教指委工作交流暨培养单位教学研讨会综述［N］. 中国文物报，2019 – 11 – 05（006）.

② 陈笑然，黄娟莹，周婧景. 如何克服专硕和学硕培养的同质化——专家献策全国文物与博物馆学专硕毕业成果类型及范式［N］. 中国文物报，2021 – 09 – 21（005）.

遗产三个研究方向，2020、2021 年扩大招生规模，每年招生 84 人。由于招生规模过大，教师队伍建设短期内跟不上，为保证培养质量，2022 年开始缩减为每年 30 人。当前教育和培养工作处于起步阶段，虽取得了一定的成效，但仍存在学科优势不明显、办学特色不足、课程设置论证不充分、实践教学脱节等诸多问题。亟须通过学科融合，推动课程教育的改革和创新，从而提升培养质量。

（一）课程教学内容改革

我校是全国为数不多的集民族学、历史学与文博专业在同一个学院的高校，民族学和历史学都有悠久的办学传统。民族学拥有国家级教学团队、国家级一流本科专业、国家级精品课程，历史学拥有自治区一流专业和广西高校优势特色专业群，加之考古学、科技史专业的教师田野实践经验丰富，为学科交叉融合提供了极大的便利。

1. 建设多学科融合的课程体系

考古学作为文博专业的核心基础学科，与历史学之间关系紧密，两者具有"复原古代历史"的共同目标，学科间的合作互证极大推动了历史研究的进展。朱凤瀚就曾提到，大学的文博考古学院、考古系也应该加强学生对历史文献学与史学思维方面的专业性训练，以培养出具有更全面学识、具有优秀科研素质的年轻一代考古学家。[①] 且中国考古具有明显的历史主义特征，以历史文献为线索，借助于文献史学的研究构建考古学高层解释理论，这决定了中国考古学学术研究的主要任务和学科建设的基本定位。[②] 鉴于此，2020 年我校在修改文博专硕培养方案课程体系时，在学位核心课程"考古学理论与方法""文物学理论与方法""博物馆学理论与实践""文化遗产研究专题"等基础上，增设"专业文献选读"课程，其中部分授课内容为历史文献的搜集与识读；2022 年更单独开设"历史文献选读"课程，作为三个方向的必修课，以增强文博专业学生对历史文献的运用能力。此外，我校生源大部分为跨专业考生，入校后必须辅修"中国古代史"，以弥补史学素养的欠缺。

---

① 朱凤瀚. 论中国考古学与历史学的关系 [J]. 历史研究，2003（1）：13 – 22.
② 张海. 中国考古学的历史主义特征与传统 [J]. 华夏考古，2011（4）：137 – 145.

作为考古学阐释的重要参照，民族学也一直发挥着举足轻重的作用，不仅为考古学家重建古代社会变迁的过程提供通则性的模式和方法借鉴，而且为考古学的"透物见人"提供桥梁。近代考古学者与民族学者有着共同的渊源，在形成之始就开始了交叉——民族考古活动。① 张忠培在论述民族学与考古学关系时指出，在一定情况下，文献的和考古学的民族史研究，存在互补性②。民族学在考古学中的运用，旨在借鉴民族志的材料与考古学相应的遗存进行类比，以研究考古学问题。有的学者称之为"民族考古学"或"民族志考古学"③。张光直也曾建议文物考古工作者要多读一些民族学的书，因其研究方法对于人类学下的考古学具有非常重要的借鉴意义；④ 俞伟超在展望21世纪考古学发展的最高阶段时，也提出"古今一体"的理念，即考古学、历史学、人类学合为一体，成为"人的科学"⑤。如今考古学在论证"中华民族多元一体""边疆地区族群演变"等民族问题上也融合得越来越紧密。⑥ 因此，把民族学前沿成果和研究方法融入文博专业的教学中，在形成培养特色的同时，也是多学科交叉融合理论的重要实践。自2021年起，我校文博专业选修课中增加"民族艺术专题研究""南方民族史""考古人类学"课程，极大地拓宽了学生的视野。

此外，现阶段能否在考古学研究中更加广泛、有效地运用多种自然科学等相关学科的方法和技术，进一步推动学科的发展，已经成为21世纪衡量一个国家考古学研究水平极为重要的标尺。⑦ 我校科技史与科技文化研究院部分导师从事金属器、陶瓷器等的科技考古研究，在课程设置时，"科技考古与文物修复"作为专业方法课，旨在让学生多角度获取文物信

---

① 周大鸣. 中国民族考古学的形成与考古学的本土化 [J]. 东南文化, 2001（3）：8-14.

② 张忠培. 民族学与考古学的关系 [M] //中国考古学：走近历史真实之道. 北京：科学出版社, 2004：125-147.

③ 赵雍. 谈谈民族学在考古学中的运用 [J]. 北方文物, 1994（3）：47-48.

④ 张光直. 建议文物考古工作者熟读民族学 [N]. 中国文物报, 1993-10-31（3）.

⑤ 俞伟超. 望世纪内外 [J]. 读书, 1997（6）：135-141.

⑥ 潘守永. 考古学与民族学相互关系的再思考 [J]. 中国历史博物馆馆刊, 1998（2）：68-75.

⑦ 袁靖. 科技考古——助力中国考古学进入黄金时代 [J]. 江汉考古, 2021（6）：222-228.

息，并学习分析方法，拓展考古学研究的领域。

2. 注重课程分类及内部联系

依据广西民族大学文博专业设置方向及培养目标，课程群包括考古学类、文物学类、博物馆学类、文化遗产类、历史学类、民族学类、文物保护类，其中考古学类、博物馆学类、文物学类课程为核心课程。三个方向专业必修课程结合师资情况和授课教师的研究方向开设，体现了学科间的交叉性，同时结合本校学科特色，突出办学定位和特色。在设置人才培养方案、构建课程体系时，公共专业核心课程旨在为学生奠定坚实的专业基础知识、全面了解文博专业的基础专业内容及关联性，为学生选择研究方向做准备；专业方法课为学生掌握必备的专业技能、了解研究方法、学习如何做学术研究奠定基础；各方向限定选修课依据方向特色和培养需求开设。各类课程的内容既相互包含，又有互补，体现出培养的递进与深入。通过学科交叉融合教学，不仅可以尽量满足不同本科专业背景的专硕学生的学习需求，提高其学习兴趣，而且可以拓宽学生知识视野，增强其运用多学科综合解决问题的学术研究能力，有助于拓展毕业生今后的就业渠道或助其继续深造。

3. 助推教学资源国际化

广西与东南亚山水相连，历史渊源深厚，区内文博机构、高校在文物展览、考古发掘、文化交流等方面与东南亚国家一直保持密切的合作。我校文博专业指导教师历年开展了古代海上丝绸之路考古学研究、古代铜鼓研究、跨境民族研究、东南亚非物质文化遗产研究等项目，积淀了广泛的学术资源。其中三分之一的校内指导教师有海外留学、访学或者交流的经历。通过整合这些得天独厚的学科优势，加强与东南亚国家的交流与合作，可极大地拓宽学生的研究视野。

（二）课程教学方式改革

为优化教师资源，突出学科融合优势，文博专硕授课教师多以团队的形式进行教学。经过 4 年来的配合，已形成较为固定的授课团队，各授课教师承担的内容突出系统性和关联性。

第一，由于专业硕士的培养对专业技能要求较高，教学团队在教学环节的设置中注重实践课时的设置，同时赴文博机构进行实践教学。各团队结合课程内容布置课程实践作业，如博物馆课程分组进行展览设计、撰写展览大纲，引导学生熟悉展览工作的各项流程，并将成果在全校进行展示；文化遗产教学团队结合民族学资源，开展钦州坭兴陶烧制、神像画绘制、蜡染等非遗技艺的体验，深入挖掘非物质文化遗产的价值，开展利用和保护研究；考古学教学团队结合文物学课程，开展一系列实践教学活动，如联合广西文物保护与考古研究所举办"考古广西——广西考古重要发现图片展"，广西海上丝绸之路研究中心举办"丝路起航——广西汉代海上丝绸之路精品文物图片展"，联合南宁市顶蛳山遗址博物馆举办"南宁考古成果图片展"，邀请测绘行业专家进行无人机、全站仪、RTK等设备的使用培训，邀请摄影家讲授文物摄影的相关技术。

第二，在加强培养专业技能的同时，团队还注重研究生的学术能力培养。将课堂讲授法与案例教学、小组研讨、自主学习、实践教学等多种教学方式融合。如"考古学理论与方法"课程，教学团队结合广西特色考古资源，为学生讲授案例"汉代海上丝绸之路：以岭南出土玻璃器为中心的历史图景"，使学生掌握历史文献和考古学资料如何结合进行二重证据法研究；内容还涉及墓葬、城址的考古类型学分析，以及汉代聚落考古的研究方法等。课前布置作业让学生自主查找相关史料及考古出土相关文物，课中组织学生对出土文物所反映的贸易路线、贸易方式、贸易商品、中西文化交流等问题进行分析讨论，课后组织学生到广西壮族自治区博物馆、合浦县博物馆等地进行实践教学，让学生有更加直观的印象和理解。在课程考核方式上，展览大纲、考古调研报告、研究论文、修复报告、文献综述等均可以作为课程作业，以多种方式鼓励学生多阅读文献、多思考发现问题、多实践创新，考核其综合发展能力。

（三）课程实践模式改革

文博专硕培养特色之一是"双导师"制。我校现聘校外指导教师均是长期在文博一线的专家，研究方向有考古学、博物馆学、历史学、民族学和非物质文化遗产研究等。自招生以来，我校同广西文物保护与考古研究所、广西壮族自治区博物馆、广西民族博物馆、广西民族文化艺术研究院和广西民族大学民族博物馆、南宁市博物馆、东兴京族博物馆、合浦汉文化博物馆等区内文博单位共建实践实习基地，为专业实习提供有力的保障平台。2020 年 5 月，我校同广西壮族自治区博物馆联合申请的"文物与博物馆联合培养基地"获自治区教育厅立项，双方就基地建设成立管理委员会，由广西壮族自治区博物馆和我校相关领导、部门以及民族学与社会学学院的负责人共同组成，其职责是研究解决基地建设、发展与运行中的重大问题，领导基地办开展工作；管委会下设基地办公室，由校研究生院、民族学与社会学学院、广西壮族自治区博物馆相关部门的工作人员共同组成，负责基地的日常工作。经过 3 年的建设期，双方在人才培养机制、专业实践模式、合作研究等方面都有了丰硕的收获，校外导师的积极性得以充分调动，参与到学生培养的各个环节，发挥协同效应，有效提升了学生理论与实践相结合的能力。

同时，我校还积极创建供学生实践的实验室、实训室等。2020 年建立的"文博实训室"，可开展古籍文献整理与保护、碑刻传拓、文物装裱、文物修复、文物摄影等方面的实践教学；同年由科技史专业建立的"科技考古实验室"，为校级重点研究基地，可供学生开展陶瓷器、金属器的科技分析。根据 2022 年 9 月国务院学位委员会、教育部发布的《研究生教育学科专业目录（2022 年）》①，文物与博物馆专业硕士学位授权点需按照新版目录开展对应调整，拆分为文物（交叉学科）和博物馆专业硕士两个授权点，为办好两个专业硕士点，学院正在积极筹备文物科技研究实验室。

三、改革成效

自 2019 年开始招生以来，通过不断完善人才培养方案、调整课程建设体系、改革实践实习模式、严格管理培养过程，我校文博专硕的培养质量得到一定提升。

（一）培养方案日趋完善

对于文博专硕的培养方案及课程体系建设，根据培养情况逐年进行调

---

① 国务院学位委员会 教育部关于印发《研究生教育学科专业目录（2022 年）》《研究生教育学科专业目录管理办法》的通知（学位〔2022〕15 号）[EB/OL].（2022 - 09 - 13）.http://www.gov.cn/zhengce/zhengceku/.

整和改革。作为新招生单位，我校每年都邀请校外导师和专家就学科建设和人才培养召开学术研讨会，听取专家意见和建议，吸取其他培养单位的经验。2021 年 10 月，学校就学科建设邀请刘庆柱、王巍、陈星灿、袁靖、霍巍、方辉、韩国河、赵宾福、孙庆伟、王建新、陈洪海、石金鸣等国内高校和研究机构的 12 位著名专家线上召开学科建设咨询会，听取专家意见，及时完善和修订人才培养方案；2023 年 3 月，学院还邀请四川大学、中山大学、中国科学院上海光学精密机械研究所、湖南省博物馆、广州市文物考古研究院等单位的专家，召开"汉代海上丝绸之路考古遗存研究与相关历史文献整理暨新文物学科建设研讨会"。通过借鉴其他单位的培养模式，及时了解文博行业对于专业人才的需求，我校文博专业硕士点的建设现已形成较为系统和成熟的授课团队和培养模式。

（二）实践教学有效补充专业课程

在专业课的课时分配中，实践教学课时不少于 1/3，授课团队充分利用校内实践场所、校外实践基地开展授课，日常教学中注重研究生的思想政治教育，并积极引导学生将成果服务于社会，如协助地方博物馆开展文物调查；承办广西非物质文化遗产保护人才进修学习班；承接文化和旅游部、教育部中国非物质文化遗产传承人研修与研习培训班；南宁市文博系统业务能力提升班；协同学校民族博物馆赴中学开展"非遗进校园"、联合开发校本课程；面向校内外大中小学生开展多次文博类图片展，极大丰富和宣传了文化遗产保护知识。

此外，第二学年第一学期的专业实习更是提升了文博专硕的专业技能。我校对于文博专硕的实习期规定不少于 3 个月，采用分散和集中相结合的方式，结合学生的研究方向协助学生在区内外文博单位开展实习。考古学方向学生多赴考古工地参加遗址或墓葬的发掘，尽可能参与发掘、测绘、绘图、文物修复、资料整理等系统的田野工作流程；博物馆学方向学生赴省、市、县级博物馆，要求学生对策展、宣传教育、文创开发、信息资料整理、行政工作等内容均有一定程度的了解；非物质文化遗产方向主要侧重非遗方面，对于地方性的非遗技艺、传承、保护和利用进行系统调研。长时段的专业实习，有效补充了专业课程教学，同时还为下一步毕业论文的选题提供了资源。

（三）学生科研兴趣和能力得以提升

在日常理论和实践教学中，教学团队充分利用已有科研项目，带领学生开展学术研究。校内导师承担了国家社科基金重大项目、国家重点项目、国家社科基金一般及西部项目、省部级项目，为指导学生参与科研提供了平台。指导教师还积极鼓励和指导学生申报区级和校级研究生教育创新项目、创新创业大赛、院级横向课题等，锻炼了学生的自主研究能力，学生在专业刊物发表不少质量较高的论文。同时，还指导学生参加学术会议和专业比赛，获得了喜人的成绩，如2020级考古学方向魏来同学，参加由北京联合大学举办的"第五届中国文化遗产保护研究生论坛"，其论文《房山大石窝传统石作技艺的调查与研究——以传统工具和开采工序为中心》获一等奖；2022年4月博物馆学方向徐梓桑等同学组队参加由"丝绸之路周"学术委员会指导、中国丝绸博物馆主办、上海大学协办的2022年度"SROM丝绸之路云上策展大赛"，在国内外120余所高校，600多支参赛团队中脱颖而出，获得二等奖的好成绩，我校获得"优秀组织奖"；博物馆学方向高泽榕等同学组成的团队在2022年"广西海上丝绸之路"文化产品创意设计大赛中荣获一等奖和三等奖。这均是课程教学内容和教学模式改革的硕果，学生的科研兴趣和专业技能大大提升，对未来择业起到直接的引导作用。

结　语

作为广西壮族自治区内第二所开设文博专业的高校，广西民族大学虽集中了考古学、历史学、民族学、科技史学科力量办学，但缺乏考古学传统，基础薄弱。利用固有的学科优势，通过学科交叉融合，把劣势尽可能转化为优势，在打牢文博基础知识的基础上，形成自己的特色教学和课程体系，是近年来课程改革和人才培养模式亟须解决的问题。以考古学和历史学为基础，融合民族学等学科内容，明确专业定位，根据自身的办学特色有所侧重，兼顾行业发展需要，形成合理的课程体系，是保证人才培养质量的基础。而切实有效的专业实践实习，有效补充和提升了文博专硕的课程学习。希望我校的培养机制能为其他高校，尤其是民族院校的文博专硕培养提供借鉴。

"OBE 理念＋课程思政"：硕士生课程"历史文化地理" 的课程思政教学实践研究

黄　瑜　滕兰花*

教育的根本宗旨是立德树人。2020 年教育部印发的《高等学校课程思政建设指导纲要》明确指出：要全面推进课程思政建设，就是要寓价值观引导于知识传播和能力培养之中，帮助学生塑造正确的世界观、人生观、价值观。①归根结底是将课程思政延伸至包括通识课、专业课在内的各类学科专业课程，充分发挥各学科都承载着的精神塑造和价值观教育职能，以形成思政育人的合力。如何在课程思政和专业思政方面有所作为，这需要结合具体的学科专业人才培养和课程教学来进行探索。

历史学是人类文化的重要组成部分，在传承人类文明的共同遗产、提高公民文化素质方面有着不可替代的重要作用。广西民族大学历史系的中国史一级学科硕士点，开设"历史文化地理"这门兼具历史与地理两个学科属性的专业选修课。本课程紧紧围绕立德树人，深度挖掘提炼课程知识体系中所蕴含的思想价值和精神内涵，立足校情学情，主要围绕着物质文化、精神文化地理开展理论知识讲授，帮助学生理解地理环境对文化的形成的影响及其所造成的差异，并能够对人类各种文化现象及其与地理环境的关系进行正确分析。在多年的教学实践当中，形成了一定的课程思政育人特色。

OBE 理念强调以学生为主体，以能力培养为导向，注重学生学习后所

---

* 黄瑜，广西民族大学民族学与社会学学院 2022 级中国史硕士研究生。滕兰花，广西民族大学民族学与社会学学院历史系教授。

① 教育部关于印发《高等学校课程思政建设指导纲要》的通知［EB/OL］.（2020 - 06 - 03），http://www.moe.gov.cn/srcsite/A08/s7056/202006/t20200603_462437.html.

获得的社会技能，此模式恰好能摆脱历史学类硕士生课程偏重于理论授课的教学困境。因此，将 OBE 教育理念引入本课程教学中，以期有效提高教学质量，并为同类基础课程教学改革提供借鉴。

一、"历史文化地理" 课程改革思路

（一）以 OBE 教育理念确定课程框架

历史文化地理学，从学科属性来说，从属于历史地理学学科，更具体而言，属于历史人文地理的范畴，其又与地理学科旗下的文化地理学密不可分。

雍际春曾写过两篇文章专门讨论历史文化地理学的研究对象等学科问题。他主张历史文化地理学是研究在历史时期及其不同的发展阶段，人类文化的各种现象和事物的空间组合与地域分异的地理特征及其变迁规律，探讨人类文化与地理环境之间的关系和相互作用，揭示代际文化现象、文化类型、文化景观和文化区域在历史上的地理背景和成因的学科，其主要研究内容是历史时期文化的起源地、文化传播和文化区域、文化景观的空间地理分布，以及文化与地理环境、社会环境之间的相互关系等。[①] 毛曦将历史文化地理学界定为研究人类历史时期文化的空间组合，即研究不同历史阶段各种文化现象的地域系统及其形成和发展规律的一门科学。[②] 蓝勇认为历史文化地理属于历史人文地理研究的范畴，其研究内容需要先解决文化的定义，但基于目前对于文化的定义没有一个特别占主流的观点，为此，历史文化地理应该要先研究文化内涵，即要对历史时期文化因子的复原和这些文化因子产生发展的环境机理，还要在此基础上进行历史文化分区研究。[③] 张伟然认为历史文化地理是一个由历史、文化、地理三个学

---

① 雍际春. 论历史文化地理学的研究对象、科学内容及其任务 [J]. 中国历史地理论丛，1994 (3)：211 – 227.
② 毛曦. 历史文化地理学的理论与方法 [J]. 陕西师范大学学报 (哲学社会科学版)，2002 (3)：88 – 94.
③ 蓝勇. 对中国历史文化地理研究的思考 [J]. 学术研究，2002 (1)：87 – 90.

科相互交叉而形成的研究领域。[①] 他在总结归纳历史文化地理研究综述时，将历史方言地理、历史宗教地理、历史风俗地理、综合文化区划作为主要研究类别，指出历史文化地理的研究重心一直坚持以语言（方言）、宗教、风俗为中心而多面向展开。[②]

目前学界明确以"历史文化地理"为书名的学术著作中，《中国历史文化地理》《西南历史文化地理》《湖南历史文化地理研究》《湖北历史文化地理研究》《岭南历史文化地理——广府、客家、福佬民系比较研究》《文化区域的分异与整合——陕西历史文化地理研究》《文化交流与空间整合——河西走廊文化地理研究》《近世浙江文化地理研究》[③] 等是目前学习者学术入门的必读书目。历史文化地理课程的研究内容是历史时期人地互动过程产生的文化现象，由于"文化"范畴广阔，且具有历史性，某些文化现象在当今已然出现明显的变化。历史文化地理可用的教学素材极其丰富，通过深入挖掘，每一份素材都能发挥出其特有的光芒。面对浩如烟海的课程素材，如何科学选择就是一个极其重要的问题。因此，从社会需求出发去确定教学目标就显得尤为重要。

葛兆光在《中国宗族史研究入门》的"编辑缘起"中写道："给大学生常识，给硕士生方法，给博士生视野。"[④] 可见研究方法对于硕士研究生的重要性。OBE 教育理念主张以学生为本，以成果为目标导向，逆向设计课程体系。所学内容贴合社会需求，因而具有很强的时效性，所研究内容与生活的距离接近，学生在教师的指导下，很容易就能领会到学习方法，

① 张伟然. 中国历史文化地理研究的核心问题［J］. 江汉论坛，2005（1）：99 – 100.
② 张伟然等. 历史与现代的对接——中国历史地理学最新研究进展［M］. 北京：商务印书馆，2016：148 – 163.
③ 张步天. 中国历史文化地理［M］. 长沙：湖南教育出版社，1993；蓝勇. 西南历史文化地理［M］. 重庆：西南师范大学出版社，1997；张伟然. 湖南历史文化地理研究［M］. 上海：复旦大学出版社，1995；张伟然. 湖北历史文化地理研究［M］. 武汉：湖北教育出版社，2000；司徒尚纪. 岭南历史文化地理——广府、客家、福佬民系比较研究［M］. 广州：中山大学出版社，2001；张晓虹. 文化区域的分异与整合——陕西历史文化地理研究［M］. 上海：上海书店出版社，2004；张力仁. 文化交流与空间整合——河西走廊文化地理研究［M］. 北京：科学出版社，2006；朱海滨. 近世浙江文化地理研究［M］. 上海：复旦大学出版社，2011.
④ 钱杭. 中国宗族史研究入门［M］. 上海：复旦大学出版社，2009：1.

学习效率更高。同时，教师在讲授课程的过程中贴合社会需要，可以更加精彩地完成课程的讲授。

笔者所在的学院现有中国史一级学科硕士学位授权点，其下的专门史方向开设了"历史文化地理"专业选修课，课程共36学时。因历史学的硕士生专业课程无国家指定的统一教材，多是授课教师根据自己的想法去选择教材或是教学指导用书。但是对于一些交叉学科，很难找到适用的时新教材。为此，需要教师自主设计课程框架，拟定学习内容。笔者所在的历史系在西南边疆历史地理研究方面有着诸多的成果，特别是在广西历史文化地理研究方面，授课团队成员均各有专长。基于各种综合因素，本课程的授课团队自编讲义，采用线上线下混合式教学。在课程内容框架结构的编排上，充分参考了以上学界经典著作，并充分考虑学校所在的岭南地区的地情以及学生当中有半数属于跨考生的学情进行课程框架拟定。

因此，在具体的教学内容主题下，本课程基于OBE教育理念而进行教学内容与案例教学主题的选定。在概论部分，要跟学生介绍课程的学科属性及发展简史。课程的主体部分是历史方言地理、历史地名文化、历史民间信仰地理、历史风俗地理、历史文化区等五大板块，并特设广西历史文化地理专题板块，以凸显地情与校情。

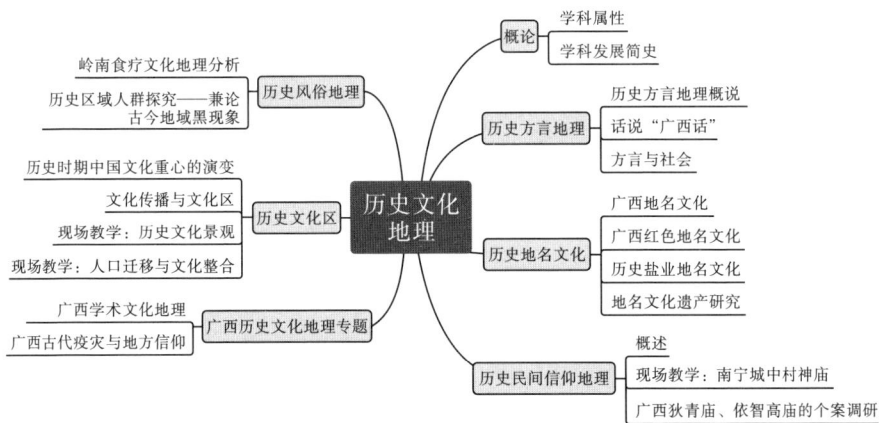

图1　基于OBE教育理念的"历史文化地理"课程框架示意图

（二）基于OBE教育理念，深挖思政元素，优化授课内容

2020年教育部印发的《高等学校课程思政建设指导纲要》明确指出：

"文学、历史学、哲学类专业课程要在课程教学中帮助学生掌握马克思主义世界观和方法论，从历史与现实、理论与实践等维度深刻理解习近平新时代中国特色社会主义思想。要结合专业知识教育引导学生深刻理解社会主义核心价值观，自觉弘扬中华优秀传统文化、革命文化、社会主义先进文化"。①

"历史文化地理"这一课程的主要研究对象是中国历史时期的文化现象，对学生进行中华优秀传统文化教育是课程思政的最重要元素。文化具有复杂性和多样性，可以分为物质文化、制度文化和精神文化三个层次，具有整合、导向、维持秩序、传续的功能。中国历史上的传统文化代代传承，对于中国人而言具有无可比拟的亲和力，学生在学习传统文化的时候接受程度非常高。又由于文化的导向作用，学生在研究学习中国传统文化时，思想观念也会有潜移默化的改变。

蓝勇认为在进行区域历史文化地理的研究时，研究者十分需要对区域文化有切身体验。文化的量化很困难，要靠研究者长期的心理和生理的感应，才能对一些文化因子作出更贴切的评价和选择。特别是文化区划的研究，需要研究者自己长期切身体验的认同。②

确实如此。基于 OBE 教育理念去选择授课内容，以终为始。教师在建构课程体系之时，以"学生能在这门课程中学习到什么"为出发点去选择课程内容，既能在汗牛充栋的传统文化中甄选出最符合当代社会发展所需要的内容，又可以有意识地选择容易开展思政教育的课程内容。

"历史文化地理"课程中的每个板块均设有专题探究课，如历史方言地理板块的专题探究课是"话说'广西话'"，历史地名文化板块的专题探究课是"广西红色地名文化、历史盐业地名文化以及地名文化遗产研究"。首先需要阐述地名文化的概念，然后结合地方特色，就近取材，了解学校所在地附近的地名文化，再进行专题探究"广西红色地名文化"。这样可加深学生对于地名这一文化现象的认知，明白地名文化在当今时代的作用和影响；又能在授课过程中融入红色文化，通过具体的例子生动形象地展示红

① 教育部关于印发《高等学校课程思政建设指导纲要》的通知 [EB/OL]. (2020 – 06 – 03) http://www.moe.gov.cn/srcsite/A08/s7056/202006/t20200603_462437.html.

② 蓝勇. 对中国历史文化地理研究的思考 [J]. 学术研究, 2002 (1)：87 – 90.

色地名的由来，其中夹带价值观的传授，使学生能够在学习中受正确价值观的影响，从而实现"历史文化地理"的思政功能。

在历史民间信仰地理板块，授课团队设计了现场教学环节。因为学生大多数来自城市，且绝大多数并不了解学校所在的南宁市的历史文化，所以，在理论讲授后安排两次现场教学，如组织学生对学校附近的四联村"城中村"的祖屋、宗祠、土地庙进行现场考察，到南宁市较有代表性的古圩、老渡口进行民间庙宇与经济文化的关联度的实地教学，有效激发学生的学习兴趣，培养问题意识。在广西历史文化地理专题这一板块，根据授课者的专长，分别设计了广西学术文化地理、广西古代疫灾与地方信仰两个专题探究，既能与前面的板块形成响应，又能彰显广西地方特色。

可见，思政功能的实现离不开基于 OBE 教育理念选择和优化课程内容。教师在建构课程之时，以成果为导向，明确要在教学内容上建构具有学术性、思想性双重效果的教学模块，发挥"历史文化地理"课程的"学术上教书、思想上育人"的双重效果。

二、课程的思政育人教学模式

（一）知识传授和课程思政互融，夯实文化自信

由于文化的导向作用，"历史文化地理"这一课程无论是课程目标、课程内容还是授课方式，都对学生的思维发展有着重要的影响。因此，教师在教学模式的设计上也需要以 OBE 教育理念进行改革创新，与思政相结合，发挥文化对学生思想的积极导向作用。

OBE 教育理念主张"教主于学"，强调教学过程中学生的主体地位。通过讨论分享的教学模式进行学习，可以很好发挥学生在学习中的主体地位，提高学生的学习积极性。在授课方式选择上，以 OBE 教育理念为指导，教师明确在课程学习中需要让学生掌握的内容与方法，由此选择合适的授课方式。比如在历史方言地理的学习中，由于方言文化是与学生生活息息相关的文化内容，教师通过讨论分享等教学模式，让来自五湖四海的学生分享其家乡的语言现象，并且就地理环境与语言文化的关系这一话题展开讨论。这种授课模式的好处在于让操当地方言的学生对其家乡的方言

进行分享，使得课程更加生动有趣，学生能够在课程中切身体会到方言文化的区别，有利于增强学生对于语言差异的理解；同时由当地学生来收集信息分享方言，结合自身成长过程的亲身经历，甚至可以捕捉到语言学家在研究中所忽略的点。当地学生还可以在自己收集信息的过程中深刻理解研究方法。

当然，讨论学习也容易出现素材过于宽泛、学生关注点不一等问题。这时候需要在 OBE 教育理念指导下把控讨论重点，避免思维过于发散，以期达到课程相关目标。通过方言文化的分享与讨论这一授课模式，可以加深学生对中华文化博大精深的体会与理解，思想上敬畏尊重中华文化，从而夯实自身文化自信。

（二）"课堂＋社会"的双空间教学，大兴调研之风

"纸上得来终觉浅，绝知此事要躬行。""历史文化地理"这一课程的研究内容是历史时期地理环境与文化发展的相互关系，因此课程内容具有地理性、空间性。倘若仅仅把授课空间局限于小小的一间教室，学生的视野必然无法开阔，也无法真切体会到地理环境对文化发展的影响。因此，必须带领学生走进社会，通过田野调查所见所想引发学生好奇心，进而提出问题、解决问题。

在历史文化地理课程的重要板块"历史民间信仰地理"的学习中，民间信仰对于从小在学校读书学习的学生而言比较陌生，就算有所接触，也因为知识水平有限等问题无法理解其存在的原因。同时，学生大多数来自城市，且绝大多数并不了解学校所在的南宁市的历史文化。而通过社会调研，学生能够接触更多的民间信仰，还可以通过实地感受，帮助学生理解地理环境与民间信仰发展的关系，紧扣课程主题。授课团队组织了两次现场调研，到学校附近的四联村"城中村"的祖屋、宗祠、土地庙进行现场考察，到南宁市较有代表性的亭子圩、渡口进行民间庙宇与经济文化的关联度的实地教学，有效激发学生的学习兴趣，培养问题意识。历史文化区这个专题板块，系列微课"历史时期中国文化重心的演变""文化传播与文化区"帮助学生理解重要知识点，随后进行两次现场教学，探究历史文化景观、人口迁移与文化整合这两个问题。

笔者组织学生对四联村"城中村"的祖屋、宗祠、土地庙进行现场考

察后在课程线上平台发布调研感受和讨论话题，以下是选课学生对四联村现场调研的感受摘录。

学生 A：东南亚国家华侨华人的宗亲会和宗祠作为重要的凝聚纽带，其文化景观和社会功能又发生了怎样的变迁？宗祠文化的在地化又如何呢？

学生 B：在这次考察中，我印象最深刻的是祠堂墙上红纸张贴着的名字。据老人说，那是族人在结婚的时候由父亲或者其他长辈起的名字。这名字是根据族中辈分起的，同时也是要写入族谱的。在现代社会中，还能看到传统宗祠文化的存在实在是难得。还有就是土地庙里供奉的神仙，有土地，有孔子，有关公，有花婆，体现汉壮民间信仰及文化的交融。土地庙还是社区活动的重要场所，在维护社会秩序中起到重要作用。

学生 C：在上周的"历史文化地理"课程现场教学中，宗祠与祖屋给予我深刻印象。中国人应该是世界上最具祖先崇拜传统的民族，宗祠或祠堂在中国的基层社会中具有重要意义，因此宗祠的建造也不是随意为之的，如上周课程中所见，宗祠内部格局均有考究。除此之外，宗祠建造事关家族之兴衰，因此我想其在建造时所选的地点、布局、坐向等应该也是暗合风水格局的，这是当时我所关注内容中被忽视的一点。宗祠的主要功能是祭祀，祠堂正厅最醒目的位置便是供奉祖宗牌位之地。除此之外，其中也会供奉神仙，如花王、神农、玉皇、关圣、孔圣、寿仙、文昌等。这些信仰的背后映射出农业丰收、健康长寿、后代学有所成等美好意愿。在风俗年节或是族内重大喜庆活动，祠堂又成了全族欢娱的场所，如课程中所见，族内年轻一辈在成婚立家之时，须在宗祠更名，且宗祠之内也会张贴楹联，既是向祖先禀报，亦是表达喜庆之意。中国的宗族文化多姿多彩，十分丰富，但在我的家乡却已不多见，此次见闻收获良多。

学生 D：在这次现场教学过程中，我很惊讶学校附近居然有保存这么完整的祖屋。四联村的祖屋坐落在村子内部，一个新建的篮球场旁边。祖屋很大，有很多进，保存得很完整，墙上贴有很多红纸黑字写的名字。我们很幸运遇到了当地的一位老爷爷，老爷爷告诉我们，这些名字是村里男子结婚的时候，由长辈改名后贴上去的，改的名字要写进族谱，表示该男子成家立业了。祖屋还贴有写上了花婆、关帝、孔子等名字的红纸，表示供奉，还有辟邪的符纸、祈愿的对联等。这个祖屋承载了村里人们美好的愿望，希望得到祖宗和神灵的庇护。在现代社会，尤其是在省会城市，我们还能看见保存这么好的传统文化建筑和习俗，是一件高兴的事。中国人讲究寻根问祖，四联村祖屋很好地做到了这一点，是非常值得鼓励和发扬的。

学生E：在3月17日的现场教学中，我对井头坡的"和贵门"门楼很感兴趣。农耕社会中，人们常以村落的形式聚居。门楼作为传统建筑之一，是人们日常进出村落的甬道。在历史时期，受自然和社会环境影响，门楼被赋予了文化内涵和社会功能。首先是贯通和隔绝的作用。例如：村落外围的"方位门楼"，门楼和墙垣的组合对往来村落内外的人群进行身份的鉴定；"宗坊门楼"在村落内部将不同地域、血缘关系的人群进行了深层次的界定，割裂出不同的生存区域。每个"宗坊门楼"之内便是某支强宗或同坊内民众的居住地。这些空间结构的整合反映出村落内部复杂的人际关系和族群关系。然后是防御自卫的作用，门楼对外可以抵御入侵，使内部得以隐蔽。再从社会地位和实力上来看，村口门楼也是宗族或村落的身份与等级的象征，是他们展现自身社会地位和实力的重要标志之一。

学生F：神树崇拜是一种相当古老的社会文化现象。神树崇拜现象在很多地方都保留了下来，譬如在这次研学活动中可利村村口的这一棵260年树龄的榕树。在这棵榕树的树干上还贴着许多福贴，树下还有香火供奉。因为榕树下往往就是村寨社公的神位，因此人们便常常以为榕树与社公具有同样的功能，即保佑子孙平安、人畜兴旺。

学生G：在现场教学活动中，四联村"城中村"的祖屋给我留下了深刻的印象。祖屋位于村中篮球场的旁边，被周围一幢幢现代化的新建筑簇拥……承载了先祖对后人的嘱咐，所以每当村里有喜事的时候，都会来祖屋上香。据村里老人说，祖屋墙上张贴的是村里每年娶妻的新郎的名字，这个名字是由其父亲取的，用以写进族谱，父亲亡故，则由祖父来取名，祖父也不在的话，则由其叔叔来取名，以后这个名字便伴随其一生。墙上贴满或新或旧的红纸、各异的"源"字辈的名字，都在向祖屋诉说着自己的故事。祖屋正中的楼阁上供奉了各样的神明，有孔夫子、神农、花婆、关公、观音菩萨、雷神。因此，祖屋不仅是村人追思和缅怀先人的场所，也是村人祈求庇佑和祝福的地方。

学生 H：南方信仰博杂，各地均有不同。位于可利村的土地庙是全国性神灵与地方性神灵结合的产物。3 月 17 日现场教学所见土地庙：正殿主位孔子、左位关帝、右位文昌星君；右殿主位土地公、右位土地婆、左位魁斗星君；左殿左位得道仙婆、右位花婆。通过主殿和次殿和设置及主陪神的安置能够看出可利村村民祈神的愿景。……该庙宇原名土地庙，其名一直沿用至今，显然庙宇初建时是以土地公为主神，随着时间的推进与人民需求的变化，逐步增加其他神灵进入土地庙，才变为今日景象。庙宇是了解地方社会文化情况的窗口，对学生认识可利村的社区信仰情况有很大的帮助。

学生 I：此次现场教学活动中，我对祖屋的印象最为深刻。……让我印象深刻的是他们一项特别的婚俗：新婚后新郎会接受长辈赋予的新名字并用红纸张贴于祖屋墙壁上，再贴一副对联，对联层层叠加。祖屋除了凝结了当地居民一些独特的信仰，还留下了一些时代的烙印，房屋的墙壁上有一些 20 世纪的标语。

在现场考察结束后，教师组织了课堂分享会，就学生提出的结婚时重新按族谱里的排辈字号起名的习俗、土地庙里众神栖居的文化现象进行了深入的交流。在课后的总结中展开讨论，学生能与老师、同学发生思维的碰撞，加深对课程的理解和认识。学生的发言，其观察角度及思考的深度，出乎意料。他们的关注点已经从较浅显的对祖屋、宗祠、土地庙等文化景观的观察延展到宗族文化的在地化、多神崇拜习俗背后的文化成因分析、民居建筑与风水观念等深层次的内容。这样的问题意识足以让学生将自己已有的生活体验、文化体验的经验性知识与现场调研所见到的"他者"的文化景观、文化现象等进行对比分析，加深其理论感悟力，增强对"人民群众是历史的创造者"这个唯物史观的认识，亦是从宗族文化的延续当中去加强对中华优秀传统文化的理解，激发家国情怀。

综上，在 OBE 教育理念的指导下开展"课堂 + 社会"双空间教学，既能使学生更深入学习"历史文化地理"课程，又能在思政教育上发挥特殊的效果。

三、"课程思政"教学实践的反思

（一）选择恰当的教法

本课程是在 OBE 教育理念的指导下进行课程内容设计，开展线上线下混合式教学。以学生为本，以成果为目标导向，逆向设计课程体系，强调学生问题意识的养成以及解决问题能力的培养。为此，线上以重点知识点的微课来帮助学生理解，线下以直观感性的启发式教学、生成式教学，激发学生解决问题的主动性。

启发式教学，强调以学生的学为主体，教师是学习的引导者，而非主导者，重在启发、启智，生发学生的问题意识。生成式教学，注意从学生的学情及线上线下学习反馈中去生成新的探究专题。

以线下现场教学为主要形式，带着学生走进田野，进行调研。在调研中，重点是借鉴民族学的田野调查方法形成现场教学。调研文化景观，以此为主线串联起文化景观的制造者背后的历史与环境的关系。开展线下调研课，要制订调研方案，首先要做好调研目标的规划。在展开社会调研之前必须有充分的理论知识支撑，知道文化现象的存在有其必然性，并且能够知道这一文化现象的发展脉络。在组织学生开展历史文化地理社会调研的时候，教师需从课程内容出发，设计调研目标，明确学生能够在这次调研中获得什么，再引导学生根据调研目标进行现场观察，尝试去发现问题，并探究解决问题之道。其次要做好调研后的总结反思。在进行社会调研之后，教师应该及时对调研结果进行评阅，集中学生对所见所想进行讨论，交流意见。一来可以有效总结知识，加深学生对社会文化现象的理解；二来能够体现学生在这一课程中的主体地位，激发学生学习的积极性。

（二）做好课程思政资源建设

2017 年 2 月中共中央、国务院印发《关于加强和改进新形势下高校思想政治工作的意见》指出：要把理想信念教育放在首位，充分发掘和运用各学科蕴含的思想政治教育资源。[①]每一门课程均有自己的教学知识体系，根据知识框架去挖掘课程思政元素和映射点，这样的课程思政就能自然融入知识学习当中。对于本课程而言，根据课程内容，将思政元素明确聚集到中华优秀传统文化教育、家国情怀教育上，其可资利用的课程思政资源如表 1 所示。

表 1　基于 OBE 教育理念的"历史文化地理"课程思政元素及思政资源

课程板块	课程思政元素	课程思政资源
历史方言地理	中华优秀传统文化教育；家国情怀教育	方言岛（南宁平话）；"南宁之夜"网红街的方言景观墙
历史地名文化		民大校园地名；广西红色地名；自贡建市与盐抗战地名；地名文化遗产
历史民间信仰地理		南宁城中村的民间祠庙：土地庙、雷庙、伏波庙、黄帝庙、北帝庙
历史风俗地理		岭南食疗；地域人群
历史文化区		文化传播；文化景观（城中村的宗祠景观）

笔者组织了学生对四联村"城中村"的土地庙进行现场考察，对应的知识点是历史民间信仰地理。通过对 10 年前笔者拍摄的可利村的土地庙内供的神像与当下此庙内的神像进行对比，引导学生理解庙内神灵供奉情况变化背后有哪些影响因素；引导学生现场观察此村现有的村中小路、村民房屋、商业贸易、外来人口等景观，在现场调研结束后，布置一个课后作业，要求学生阅读《"城中村"的民俗记忆：广州珠村调查》《南宁市城中村改造问题研究》两书，在课程平台上分享自己的读后感。这样的现场调研的思政映射点就是"城中村"的文化景观所折射出来的城市化浪潮对

---

① 中共中央 国务院印发《关于加强和改进新形势下高校思想政治工作的意见》[EB/OL].（2017 – 02 – 27）http://www.gov.cn/xinwen/2017/02/27/content_5182502.htm.

于传统文化的影响。而学生对"城中村"是有一定的了解的，通过现场调研，学会用第三者的角度去观察"城中村"的具体文化因子，加深文化与生态关系的认识。从教学效果来看，学生们均认真将自己的现场调研所获得的文化体验与指定阅读的书目里的观点进行比对分析，形成了较好的问题意识。如有学生表示"城中村"的改造需要一城一村一案一策，对于具有巨大文化价值、悠久历史底蕴等类型的村落可以保护为主，为将来的城市留下特有的精神文明财富。有学生在分享时认为宗族的存在不仅仅依赖于宗族财产，族人的精神文化力量对于宗族的延续也非常重要，宗族和传统文化在现代化社会依然可以发挥经济价值。由此可见，现场调研极大地促进了学生将所学的理论知识与实地调研的文化体验以及访谈所获结合起来，加深了对传统文化的认识，亦是厚植文化责任感的良好方法。

结　语

在 OBE 教育理念指导下，在"OBE 理念＋课程思政"的相辅相成中，"历史文化地理"课程的授课模式创新，能够有效提升教学效果，还能实现课程思政建设的切实落地。今后将持续深化课程思政育人举措，积极探索以问题为导向的专题式教学和以学习反馈为导向的生成式教学，在这条路上，仍有许多工作需要继续探索。

教材分析的"国家治理"视角

——以《中外历史纲要（上）》第一单元为例

由　迅　　刘思怡*

中学历史教学以政治史方面的内容为核心。[①]一般认为，政治是指人类进入文明时代和国家产生之后，"人类社会中围绕统治权力所展开的各种社会活动和社会关系的总和"。[②]在传统的中学历史课程学习中，政治史的学习往往侧重政治事件和过程，例如朝代更迭、政权兴亡、改革变法、战争战役等，较少从国家治理层面来透析政治史。这不适应《普通高中历史课程标准（2017 年版 2020 年修订）》（简称"新课标"）对培养和提高学生历史学科核心素养的要求，也不利于学生历史视野的进一步拓展。为此，教育部在高中选择性必修部分专门编写了《国家制度与社会治理》引导学生从政治视角深入认识历史，其内容采取专题史的方式，包含了政治体制、官员的选拔与管理、法律与教化、民族关系与国家关系、货币与赋税制度、基层治理与社会保障等六个单元。但是国家治理的内容不仅在选择性必修中体现，更渗透在必修教材《中外历史纲要》中。新课标就明确指出："（选择性必修 1）是在必修课程基础上的递进与拓展。"卜宪群在

———————

* 由迅，广西民族大学民族学与社会学学院历史系讲师；刘思怡，广西民族大学民族学与社会学学院 2021 级学科教学（历史）专业硕士研究生。

① 王豪，李帆.《国家制度与社会治理》的编写立意及相关问题的思考——李帆教授访谈录［J］. 历史教学，2020（10）：3-6.

② 徐蓝，朱汉国. 普通高中历史课程标准（2017 年版 2020 年修订）解读［M］. 北京：高等教育出版社，2020：118.

分析教材时也说："有些问题在初中教材和高中必修教材《中外历史纲要》中有所涉及。"①特别是《中外历史纲要（上）》第一单元"单元导入"中更直接要求从"国家治理"切入："秦汉是中国统一多民族封建国家的形成时期，奠定了大一统中央集权国家治理的基本模式。"② 可见，部编教材希望在第一单元教学中通过国家治理的角度来串联秦汉的历史内容，进而"认识秦汉时期统一多民族封建国家的建立、巩固在中国历史上的意义，以及秦汉崩溃和两汉衰亡的原因"。因此，本文就以该单元为例来探讨《中外历史纲要》（后文简称"新教材"）里的国家治理内容，并考察国家治理视角在实际教学过程中的重要作用。

一、国家治理的内涵

教育部统编新教材对国家治理的定义："国家制度和社会治理的相关内容，以揭示人类政治生活的发展。"以往的教科书都偏重于国家制度，缺乏对社会治理的关注，实际上"国家制度与社会治理是两个既有区别又不可分割的问题"。③ 新教材对两者的关系有明确的说明："国家是社会发展到一定阶段阶级矛盾不可调和的产物，是凌驾于社会之上的公共权力。社会治理是国家的基本职能之一。人类自进入文明社会以来，各国都是通过某种特定的政治制度来实现社会治理的。"新课标也有相关论述："人类社会进入文明时代的一个重要标志是国家的产生，国家统治依赖一系列制度建设，包括建立组织和制定规则。以权力分配、机构设置和运行为主的政治体制，规定了国家制度的基本框架。人事管理、法律、外交、财政都是国家制度不可或缺的重要组成部分，社会治理则是国家关注的重点。"④

---

① 卜宪群. 科学认识和把握国家制度与社会治理的理论与实践——统编高中选择性必修1《国家制度与社会治理》解读［J］. 课程·教材·教法，2020，40（10）：8-15.

② 中华人民共和国教育部. 中外历史纲要（上）·第一单元·单元导入［M］. 北京：人民教育出版社，2019.

③ 卜宪群. 科学认识和把握国家制度与社会治理的理论与实践——统编高中选择性必修1《国家制度与社会治理》解读［J］. 课程·教材·教法，2020，40（10）：8-15.

④ 中华人民共和国教育部. 普通高中历史课程标准（2017年版2020年修订）［M］. 北京：人民教育出版社，2020：22.

因此，高中历史必须重视国家治理的教学，"学习这些内容，加深学生运用唯物史观的阶级分析方法，对上层建筑的各领域的实质进行深入分析，认识国家治理体系和治理能力现代化的重要性"。[①]

二、新教材的国家治理史实梳理

第一单元"从中华文明起源到秦汉统一多民族封建国家的建立与巩固"共有四课内容，主要讲述了国家治理伴随中国早期国家诞生到大一统过程中的发展和演变，体现了中国在国家治理层面的初步探索。

（一）早期国家治理模式的雏形

在第一课《中华文明起源和早期国家的形成》的第二子目"从部落到国家"和第三子目"商和西周"中，新教材阐释了早期国家治理模式的雏形和特点。例如夏王朝"中央设有主管行政、军事、司法和宗教的机构与职官。夏朝社会仍然是聚族而居。除对夏部族生活的地区实行直接统治外，夏朝对其他地方主要通过控制一些部族进行间接统治"。[②] 相较于旧教材（人民出版社出版、岳麓书社出版和北京师范大学出版社出版）的夏朝史，以上内容均为新增。可见，新教材对夏朝史实的重视，肯定其作为中国国家治理体系发展的历史起点。其内容主要关注三个维度：第一是中央政治制度，这是中学历史教育的传统重心，夏朝已经有"主管行政、军事、司法和宗教的机构与职官"，作为早期国家形成的重要标志；第二是基层社会治理层面，强调"夏朝社会仍然是聚族而居"，中国文明以"早熟"的方式，即在以血缘关系为纽带而非地缘基础上进入早期国家阶段；第三是由"聚族而居"性质延伸的地方管理制度，分直接统治和间接统治两种模式。

到商周时期，新教材沿着这三个维度进一步讲述史实。在中央政治制度方面，"商朝出现了尹及各类事务官"。在基层社会治理和地方管理制度

---

① 中华人民共和国教育部. 普通高中历史课程标准（2017 年版 2020 年修订）［M］. 北京：人民教育出版社，2020：22 – 23.

② 中华人民共和国教育部. 中外历史纲要（上）［M］. 北京：人民教育出版社，2019：5.

方面,商朝则在夏朝基础上发展成"内外服制":"内服指商王直接控制的王畿地区,外服指商王间接控制的方国和部族。"① 直接统治地区从本部族的生活地区变成以控制为主导的王畿,间接统治地区也有部分部族发展成方国形态。这些内容体现了对夏商历史与考古研究新成果的吸收,丰富了早期国家治理的内容。最后,在西周时期发展成为分封制与宗法制,形成了"天子—诸侯—卿大夫—士"金字塔形的统治结构。② 间接统治地区也通过宗法关系正式进入了国家治理体系中,故《礼记·觐礼》称:"同姓大国,则曰'伯父',其异性,则曰'伯舅'。同姓小邦,则曰'叔父',其异姓小邦,则曰'叔舅'。"③ 王国维在《殷周制度论》中总结道:"且异性之国,非宗法之所能统者,以婚媾甥舅之谊通之。于是天下之国,大都王之兄弟甥舅;而诸国之间,亦皆有兄弟甥舅之亲。"④ 因此,"血缘关系在处理国家、社会生活中拥有更高的灵活性和更广的适用性,在社会运作中的表面形式上占有更突出的地位,使得实际也发挥重要作用的地缘关系被血缘关系所掩盖,使整个中国先秦时期的政治、社会都呈现出强烈的血缘色彩。"⑤

(二)春秋战国时期对国家治理的探索

在第二课《诸侯纷争与变法运动》的第二子目"经济发展与变法运动"、第三子目"孔子和老子"、第四子目"百家争鸣"中,新教材阐释了在春秋战国时期社会经济大变革的背景下,中国对国家治理的新探索。在中央政治制度方面,各国逐步建立起了君主专制的政治制度;在地方管理制度方面,"普遍推行县制,县的主要官员由君主任免";在基层社会治理方面,根据社会经济的发展采取了新措施,如商鞅变法"令民为什伍"

---

① 中华人民共和国教育部. 中外历史纲要(上)[M]. 北京:人民教育出版社,2019:6.
② 中华人民共和国教育部. 中外历史纲要(上)[M]. 北京:人民教育出版社,2019:5.
③ (汉)郑玄注,(唐)贾公彦疏. 仪礼注疏 [M]. 北京:北京大学出版社,1999:524.
④ 王国维. 王国维考古学文辑 [M]. 南京:凤凰出版社,2008:60.
⑤ 徐义华. 略论中国早期国家的血缘与地缘关系 [J]. 中原文化研究,2020,8(1):23-29.

"民有二男以上不分异者，倍其赋"等。① 至于百家争鸣的传统教学内容，新教材使用了"学习聚焦"栏目进行引导："百家争鸣是社会大变革在意识形态上的反映，各家学派针对当时社会现实问题，提出了自己的政治主张。"② 通过对孔子的"礼乐制度"，老子的"无为而治"，孟子的"仁政"，韩非子的"以法为工具"等的介绍，实际上展现了诸子百家对国家治理方案的讨论，这也为秦朝在国家治理模式上提供了理论依据。

值得注意的是，与旧教材相比，新教材不再提及春秋战国经济发展所形成的地主和农民两个新兴阶级，而是转向重点论述工商业的发展。可见在内容上，新教材更侧重国家对"工商业的繁荣"的治理应对。新教材在"经济发展与变法运动"子目中提出："战国时，手工业分工更加严密，货币流通广泛，各地涌现了一批人口众多、商贾云集的中心城市。不少工商业主聚集了大量钱财，有的富比王侯。"③ 这种现象不仅使"重农抑商"成为当时变法乃至后世遵循的一个重要治理策略。那些"富比王侯"的所谓"工商业主"更成为开启秦汉"豪强"问题的新线索。新教材在第四课的"问题探究"中通过《后汉书·仲长统列传》描述东汉豪强势力的迅猛发展，总结道："汉兴以来，相与同为编户齐民，而以财力相君长者，世无数焉。……船车贾贩，周于四方；废居积贮，满于都城。"④ 可见，工商业本身就是豪强力量的一个重要方面，并为后面理解豪强在经济方面对国家治理的影响埋下一条暗线。

（三）秦朝大一统国家治理模式的创制

在第三课《秦统一多民族封建国家的建立》的第一子目"秦的统一"中，新教材阐释了秦朝大一统后对国家治理模式的创制和推广，并一直延

---

① 中华人民共和国教育部. 中外历史纲要（上）[M]. 北京：人民教育出版社，2019：11.
② 中华人民共和国教育部. 中外历史纲要（上）[M]. 北京：人民教育出版社，2019：12.
③ 中华人民共和国教育部. 中外历史纲要（上）[M]. 北京：人民教育出版社，2019：11.
④ 中华人民共和国教育部. 中外历史纲要（上）[M]. 北京：人民教育出版社，2019：24.

续至清朝。在中央制度层面有皇帝和三公九卿制度的创立，在地方制度方面则是将郡县二级在全国推广。基层社会治理方面，除了"编制户籍""在县以下设乡、里和亭，分别负责管理民众和治安"，还新增了"迁徙六国贵族豪强到关中、巴蜀等地，整顿社会风俗"。① 这是大一统的秦朝对豪强势力的初步治理策略。同时，随着秦朝统一后疆域的继续扩展，边疆民族地区的治理成为新增的第四个国家治理维度，新教材主要提到了对南方越族的征服、对云贵西南夷的控制以及对北方匈奴的讨伐三个史实。

（四）汉朝大一统国家治理模式的发展和变化

在第四课《西汉与东汉——统一多民族封建国家的巩固》的第一子目"西汉建立与'文景之治'"、第二子目"西汉的强势"和第三子目"东汉的兴衰"中，新教材论述了汉朝大一统国家治理模式的发展和变化。在中央政治制度层面，增设中朝，提升尚书令来削弱丞相权力；在地方管理制度层面，惩秦朝孤立无助之弊，汉朝实行郡国并行，然后在削藩进程中调适对地方的治理；而在基层社会治理方面最具特色，西汉除了继承秦朝"打击豪强"和"抑制工商业者"的政策，还将增设刺史巡视监察"辖区内郡级官员及子弟"作为国家治理的重要内容。② 在边疆民族地区治理方面，新教材在描述反击匈奴这一史实的基础上，特别提到大一统政权对河西走廊和西域的首次控制和初步治理，以及"对东南沿海和西南少数民族地区的治理，也比以前更加有效"。③

西汉末年到东汉，大一统国家治理模式遭受了严重挑战，主要表现：在中央层面的政治黑暗，外戚干政对国家治理的影响，到东汉中后期演变为外戚宦官交替专权。基层治理层面则是豪强地主势力的日益发展，造成"土地兼并，破产农民沦为奴婢或流亡，社会动荡不安"。新课标对此部分的要求是"认识两汉衰亡的原因"，但新教材在第二子目中还在论述"任

---

① 中华人民共和国教育部. 中外历史纲要（上）[M]. 北京：人民教育出版社，2019：15.

② 中华人民共和国教育部. 中外历史纲要（上）[M]. 北京：人民教育出版社，2019：21.

③ 中华人民共和国教育部. 中外历史纲要（上）[M]. 北京：人民教育出版社，2019：21.

用酷吏治理地方，严厉打击豪强、游侠等社会势力的不法行为"，而在接下来分析两汉灭亡时却直接指出原因是"豪强地主势力发展迅速，土地兼并严重，阶级矛盾日益尖锐"。这就导致教师在实际教学过程中很难自然过渡，学生往往也不能理解这中间的逻辑关系。新教材的编者也认识到这一点，在"问题探究"中列出了《后汉书·仲长统列传》的史料，让学生"分析豪强地主势力的发展与东汉政权衰亡之间的关系"。其答案就是汉朝对豪强势力治理的失败，使得天下皆为"公侯之广乐，君长之厚实"，社会矛盾严重激化，最后导致东汉王朝被推翻。由此可见，重视国家治理视角在教学中的重要作用，能进一步优化课程讲授。

综上所述，《中外历史纲要（上）》第一单元的国家治理史实主要包括三个方面：第一是政治体制方面，展现了中国古代政治体制在秦朝建立前后的巨大变化，主要扩充了夏商周时期中国古代政治体制孕育阶段的内容，特别是关于地方制度的部分，同时保留自秦以来君主专制中央集权政治体制的演变线索。第二是基层治理方面，工商业者、地方官员及子弟、豪强、游侠等均有重点论述，体现了教科书的新指导方向。第三是边疆治理方面，这对认识统一多民族国家的发展历程尤为重要。以上新内容和新变化为未来高中历史教学改革提供重要指引。

三、 国家治理视角下教学的设计方向

如何基于新教材在国家治理视角下进行教学设计创新？新教材和新课标分别提供了一个重要参考案例。选择性必修1《国家制度与社会治理》最后的活动课栏目名为"中国历史上的大一统国家治理"，并提出："'大一统'是我国历史上长期形成的政治观、民族观与天下观，也是历代国家治理所追求的理想与目标。"[①] 这一活动使学生认识到大一统是中国历史的重要特点，与历代国家治理有着密切联系。新课标则在教学活动示例中有"探讨中国古代历史上中央与地方的关系"专题。[②] 其目的是让学生通过探

① 中华人民共和国教育部. 国家制度与社会治理 [M]. 北京：人民教育出版社，2020：109.

② 中华人民共和国教育部. 普通高中历史课程标准（2017 年版 2020 年修订）[M]. 北京：人民教育出版社，2020：25.

究中国古代历史上中央与地方关系的发展演变，分析并理解这一关系的特征。运用所学的历史知识，以典型的史事作为例证，说明中央王朝对地方治理的历史经验和教训，学会从历史中汲取智慧。通过了解历史上中央对地方的行政管理，加深对中国国情的认识。由此可见，"大一统国家治理"和"央地关系"能成为教学设计改革的重要抓手。下面就以《中外历史纲要（上）》第一单元内容做一些初步探索。

（一）大一统国家治理线索

秦汉王朝建立后，"海内为郡县，法令由一统"，大一统从思想观念转变为现实。大一统逐渐成为"重视和尊重一体、统合的治理制度体系"。①秦汉大一统治理的具体措施是统一多民族国家形成的重要基础，也是理解本单元主题、落实课标的需要。我们可以清晰地找到新教材中一系列关于大一统治理措施的线索，将国家治理这一大概念贯穿于单元之中。

首先，对秦汉大一统国家治理的教学应聚焦于秦朝国家制度的开创为后世国家统一和治理带来的贡献。秦朝在皇帝之下设置三公九卿，组成中央集权政府；在地方废分封，设郡县，主要官员由中央任免，形成了一套较完整的由基层到中央的官僚体系，保障了大一统国家的有序运行。此外，秦朝还推行许多巩固统一的措施，如车同轨、书同文、编制户籍、迁徙豪强、整顿风俗等。这一系列制度的创设和完善表明中国已经由早期国家治理走向更成熟的大一统国家治理，确保了大一统的实现和巩固。

其次，应当在落实课标"认识秦朝崩溃"时，反思秦朝初创大一统国家治理模式的缺陷，特别是要跳出秦朝亡于严刑峻法的传统历史认知的束缚。因为新教材在"问题探究"中以《荀子·强国篇》这一材料引导学生"分析探讨良好的吏治在秦崛起与统一中起的历史作用"；而"学习拓展"中又列举了云梦睡虎地秦简，大大丰富了学生对秦律的认识。可见，新教材吸收了众多秦史研究的新成果，尝试重新审视秦朝的灭亡。②

国家治理正是新教材观察秦汉兴亡的新视角。因为秦朝二世而亡，初

① 中华人民共和国教育部. 国家制度与社会治理［M］. 北京：人民教育出版社，2020：109.
② 中华人民共和国教育部. 中外历史纲要（上）［M］. 北京：人民教育出版社，2019：19.

创的大一统国家治理模式之弊端还未发酵和表现出来，就被轰轰烈烈的农民起义埋葬。但大一统国家治理的问题并未消失，而是在两汉历经四百年的长期大一统实践中充分暴露出来了。因此，汉朝不得不进行反思和改进，这就涉及一系列国家治理措施上的变化。例如郡县制衍生的问题，郡县制本身就会衍生出与地方联系紧密的地方官僚，因此新教材中提到：秦朝在全国推广郡县制，主要官员由中央任免和考核，这本身就是治理地方官僚群体的重要举措。到了西汉，为了防止地方官僚的坐大和腐败，又进一步深化治理措施，故"分设刺史，负责对辖区内郡级官员及子弟和豪强势力进行巡视监察"。① 而东汉时期则变化成"裁并郡县，裁减官吏，节省开支，整顿吏治，惩处贪污腐败"。②

再如豪强势力问题，新教材也有体现：秦朝是迁徙豪强到关中，整顿社会风俗。西汉时教材中的表述则变为："任用酷吏治理地方，严厉打击豪强、游侠等社会势力的不法行为。"可见西汉时期豪强地主问题更甚于秦，最终积重难返，导致"土地兼并严重""破产农民沦为奴婢或流亡"，进而加速了西汉灭亡。东汉时期的豪强问题仍然是大一统国家治理的顽疾，也是东汉衰亡的重要原因。因此，大一统制度治理模式在发展过程中的负面问题也是一条串联教材内容的重要线索，地方官僚、豪强地主等治理挑战，是贯穿整个秦、西汉与东汉历史的，新教材在内容上都有所体现。教师将治理措施中的这条线串联起来后，更易落实课标所要求的"认识秦和两汉衰亡的原因"，也能让学生建立清晰的框架。

（二）完善地方治理线索

地方行政制度在秦朝之后的教学线索中十分明晰，主要包括郡县制、郡国并行制、州郡县制、州县制、道路制、行省制等。但在秦统一之前的地方制度往往只论及西周的分封制和宗法制，作为国家起源的夏商时期则鲜有关于地方治理的内容，更遑论其演进过程了。因此，新教材为完善地方治理线索做了以下三种安排：首先，特别加入了夏朝对地方治理的史

① 中华人民共和国教育部. 中外历史纲要（上）［M］. 北京：人民教育出版社，2019：21.

② 中华人民共和国教育部. 中外历史纲要（上）［M］. 北京：人民教育出版社，2019：22.

实，说明自夏朝已经有直接和间接统治的治理机制；其次，对商朝的治理内容进行了扩充，明确提出了内外服制的观点；最后，专门论述商周地方治理的演变。新教材指出："分封制是较内外服制更进一步的政治制度，诸侯虽享有受封土地上的统治权，但要服从周天子的政令，承担对周王室的义务。"① 可见"西周建立的政治制度，使华夏大地众多人群走上了统一化的文明进程"。② 以上内容的编入，就构成了秦以前国家地方治理的线索，进而在整个中国古代史时间轴上建立了一条完整的国家地方治理的链条，帮助学生深入理解国家治理体系的内涵。

另外，新教材在王朝国家权力与基层的联系上也做了延伸。鲁西奇指出："田制、户籍、乡里制度，构成王朝国家控制乡村的三个支柱。'乡里制度'乃是由'乡''里''邻'构成的乡村控制制度，是王朝国家立足于统治需要建立的、县级政权以下的、直接或间接地控制乡村民户与地域、以最大程度地获取人力与物力资源、建立并维护乡村社会秩序的控制制度，是王朝国家诸种统治制度的组成部分。……乡里制度既是王朝国家实现其社会控制的主要制度性安排，也是王朝国家政治控制权力在县级政权以下的延伸。"③ 所以新教材在秦统一后的政治措施中专门提及"县以下设乡、里、亭，分别负责管理民众和治安"，并在"学习聚焦"中强调"封建时代基层组织的任务是征发赋役和维护稳定"。从而在纵向上也建立了自上而下的国家治理体系，引导学生理解国家治理制度的系统性。

综上所述，新教材中秦汉国家治理的具体措施是讲授的重点，我们不仅要将这些措施表面的内容进行讲解，还要挖掘这一系列措施的背后线索。秦汉向"统一多民族国家"形态及其治理模式的转变过程中，有其伟大而深远的意义。同时要意识到，制度建设往往是一体两面的，不仅有其优势，还会带来缺陷，这也使得统一多民族国家的治理不断改进和完善。

---

① 中华人民共和国教育部. 国家制度与社会治理 [M]. 北京：人民教育出版社，2020：2.
② 李山. 先秦文化史讲义 [M]. 北京：中华书局，2008.
③ 鲁西奇. "下县的皇权"：中国古代乡里制度及其实质 [J]. 北京大学学报（哲学社会科学版），2019（4）：74－86.

四、国家治理视角下的教学建议

（一）整合教材，建构体系

国家治理是高中历史教学中的重难点，在新课标中大多属于理解和认识层次。教师要善于整合教材内容，建构一套有利于学生认识历史上中国国家治理内容的教学体系。就目前新教材的内容而言，主要有以下两种整合方式。

一是以《中外历史纲要（上）》本身进行整合。例如第一单元第四课《西汉的强盛》中，就有三个与后面课程相关的国家治理分支体系。第一是宰相制度。皇权和相权的矛盾是国家治理中央层面的重要内容之一。汉武帝时期"加强皇权，削弱丞相权力，设立直接为皇帝所掌控的中朝，尚书令的作用开始提升"。这成为皇权与相权关系变化的重要开端，以此来整合第七课《隋唐制度的变化与创新》中的"三省制"到"中书门下政事堂"，第八课《两宋的政治和军事》中的"宰相分权"与"制约"，第十三课《从明朝建立到清军入关》中的"废除宰相制度"与"内阁形成"，从而建构中央集权政治制度的演变脉络。第二是官员的选拔方面。官员的选拔和管理是国家制度的重要组成部分，也是社会治理的必要前提。汉朝"确立以察举制为代表的新的官吏选官制度"，该内容直接与第七课《隋唐制度的变化与创新》的第一子目"选官制度"对接。第三是边疆民族地区的治理。汉朝对岭南、西南、河西、西域等地区的积极开拓，可以与第六课的唐朝、第九课的两宋、第十课的辽夏金元、第十三课的明朝、第十四课的清朝共同组成边疆民族专题，进而在各民族"交往、交流、交融"的国家治理视角下，加深对统一多民族国家形成和发展的理解。这种按照专题以时间为轴，既体现了新教材自身的逻辑性，又进一步强调了历史的整体性，有利于学生了解国家治理体现的各个方面。

二是与选择性必修 1《国家制度与社会治理》进行联系整合。选择性必修 1《国家制度与社会治理》一书是按照具体知识内容进行的单元分类，主要包括政治体制、官员的选拔与管理、法律与教化、民族关系与国家关系、货币与赋税制度、基层治理与社会保障等六个单元。教师可以从六个单元主题角度，在同一时期寻找对应的内容，建立断代的国家治理体系。

如以秦朝的国家治理体系为例，包括："政治体制"方面的皇帝制度、三公九卿、郡县制、文书制度等；"官员的选拔与管理"方面的"以吏为师"；"法律与教化"方面的秦律、"以法为教"；"民族关系与国家关系"方面的北击匈奴，南征百越、开西南夷等；"货币与赋税制度"方面的圜钱、田赋、口赋、徭役等；"基层治理与社会保障"方面的"为户籍相伍"乡里制度等。学生可以通过以上六个主题了解秦朝国家治理的全貌，同时也为选择性必修1教材的深入拓展打下了牢固的基础。

（二）辩证解析，深化理解

唯物史观的理论揭示了社会历史的辩证运动，这要求教师在进行教材分析时要有辩证的眼光，注意到历史发展的连续性和阶段性，总结其中的一般规律和特殊规律。新课标指出学习国家治理部分的内容要注意三点："一是要从历史的角度考虑具体的国情和当时的社会状况，明了某一制度创立所要解决的社会问题；二是要对某一制度的创新之处和存在的缺陷进行辩证的分析；三是要注意某一制度是否在以后有不断完善或问题暴露、积累、激化的情况。"[1] 例如"大一统"的国家治理模式，新教材给出了肯定且正面的评价："统一中央集权国家的形成是历史发展的必然，也是客观需要。空前统一的封建国家促进了各民族的交往交流交融，推动了统一多民族国家政治、经济、社会的发展。"[2] 但新教材也并不否认大一统君主专制这一政治体制带来的危害和长远的影响。我们既要认识"大一统"呈现的优点，也要看到大一统治理下自身的缺陷。秦朝以法家思想作为治理理念及君主专制的强化，导致刑法严苛、思想钳制、焚书坑儒等问题；中央集权的治理手段带来的生产关系或者统治关系的变化，会凸显越来越多封建社会的弊端和顽疾，如前文提到的西汉与东汉出现的越来越严重的官僚、豪强势力问题，最终导致两汉的衰亡。因此，教学过程中要引导学生正视国家治理中的客观问题与缺陷，能够认识到国家治理体系的完善是一个动态的发展过程，任何制度并非在建立时就是完美无缺的静止状态，需

① 中华人民共和国教育部. 普通高中历史课程标准（2017年版2020年修订）[M]. 北京：人民教育出版社，2020：24.

② 中华人民共和国教育部. 中外历史纲要（上）[M]. 北京：人民教育出版社，2019：15.

要经过不断的探索改革，才能成为适合本国发展的道路。由此训练学生的辩证思维，懂得对制度利弊得失进行辩证分析，注意其发展变化，加强历史学科核心素养。

（三）融通思政，情怀家国

教师应当将历史知识教学与思政教育有机结合，增强学生对当今中国制度建设与发展的自信心和责任感，增强对中国特色社会主义的制度自信。"大一统"是我国历史上长期形成的政治观、民族观与天下观，也是历代国家治理所追求的理想与目标。2023 年 6 月习近平总书记在文化传承发展座谈会上指出："中华文明的统一性，从根本上决定了中华民族各民族文化融为一体、即使遭遇重大挫折也牢固凝聚，决定了国土不可分、国家不可乱、民族不可散、文明不可断的共同信念，决定了国家统一永远是中国核心利益的核心，决定了一个坚强统一的国家是各族人民的命运所系。"秦汉时期是中国大一统国家治理体系的重要塑造阶段，在教学中更应该重视秦汉统一多民族封建国家建立与国家治理的关系，帮助学生从历史的角度加深对统一多民族国家形成与发展过程的了解。通过"国家治理"视角的教学，可以引导学生认识到国家统一是大一统中央集权国家治理体系形成的基础，理解中央集权是中国历代国家治理的最基本制度体系，掌握国家中央政治制度、基层社会治理和地方管理制度等具体治理措施，进而增强学生对"中国式现代化赋予中华文明以现代力量，中华文明赋予中国式现代化以深厚底蕴"的理解，明白国家治理体系和治理能力现代化的重要性。

结　语

人类社会进入文明时代的一个重要标志是国家的产生，社会治理是国家的基本职能之一。国家治理作为新教材的新视角，体现了从制度视角反映人类政治生活的发展线索。选取国家治理作为切入点进行教学，教师能够充分利用统编高中教材中的相关内容，优化知识点讲授，帮助学生建立清晰的历史逻辑，有效地突破重难点，更好地落实新课标要求和核心素养的培育。

高中统编教材《中外历史纲要（下）》课程思政教学研究

刘　璇[*]

为了提升全国学校教育人才培养的质量，将课程思政积极地融入各级教育工作中是必然的发展趋势，尤其对于高中历史教学而言大有必要。《中外历史纲要（下）》是高中历史必修课程。教师发掘高中统编教材《中外历史纲要（下）》中课程思政教学资源是教师在课堂中实现思政建设的重要路径。如何将发掘出的思政教学资源更好地落实在高中统编教材《中外历史纲要（下）》的教学中？这是值得探讨的问题。本文将从课程思政建设的必要性出发，发掘《中外历史纲要（下）》中蕴含的课程思政资源，探讨《中外历史纲要（下）》中实现课程思政的策略。

一、高中历史课程思政建设的必要性

课程思政本质上就是一项培育人才提升德行的教育活动。在实际的教育教学工作中，教师应结合学科充分发挥思想政治的教育功能。课程思政并非指融合某个具体的学科和专业，而是要依靠所有的专业力量，在每一节课的讲授过程中进行渗透和融合，向学生传达思想政治的理念，这样才能完成立德树人的教育教学目标。[①]作为一门重要的包罗万象的人文学科，

* 刘璇，广西民族大学民族学与社会学学院 2022 级学科教学（历史）专业硕士研究生。

① 路继孝. 课程思政理论下高中历史教学改革研究 [J]. 当代家庭教育，2022（30）：142.

历史学科中的课程思政建设显得尤为重要。历史学科思政建设的必要性主要体现在以下三个方面。

（1）历史学科本身需要发挥思政教育的功能。"历史的功能首先在于它的道德教育作用"①，历史课堂应当成为对学生进行道德教育的载体。此外，历史学科作为一门人文学科，具有独特的价值。历史学科是一门研究人类社会历史的科学，不仅研究人类社会过去的历史，而且对人类社会的现在和未来有所指引。高中历史教学应承担起思政育人重任，培养学生形成社会主义核心价值观、良好的思想品德和健全的人格。

（2）高中课程思政建设是高中课程改革的内在需要。高中历史教学设计引入思政教育要素，符合《普通高中历史课程标准（2017年版2020年修订)》（简称"新课标"）提出的育人要求。新课标前言第一自然段旗帜鲜明地指出：要在党的领导下，全面贯彻党的教育方针，坚持马克思主义指导地位，坚持中国特色社会主义教育发展道路，坚持社会主义办学方向。② 同样值得关注的是，新课标还提出了要培养体现思政教育理念的核心素养。因此，高中历史教师在开展教学设计的过程中应以新课标为依据，充分发掘历史课程及时事政治中的思政元素，有意识地培养学生的爱国主义精神。

（3）历史课程思政建设是贯彻新时代"三全育人"理念的实践需要。习近平提出要坚持把立德树人作为中心环节，积极构建起全员、全过程、全方位的育人格局。从"三全育人"理念提出的大背景出发，历史教师须根据高中历史课程内容本身的特色和优势，深入研究其育人目标，深度发掘提炼历史知识体系中包含的基本思想要义和核心的价值导向，增加历史教学的思想性，在潜移默化中完成对学生正确道德观念的培育。

二、《中外历史纲要（下）》中的课程思政资源

历史教材是连接教师与学生的中间桥梁。"教师在历史教学活动中，

---

① 苏寿桐. 历史功能、国情教育，兼谈九年义务教育历史教学大纲 [J]. 课程·教材·教法，1992（9）：1.

② 中华人民共和国教育部. 普通高中历史课程标准（2017年版2020年修订）[M]. 北京：人民教育出版社，2020：1.

应恰当地运用历史教材，将历史教材作为教学资源，根据自身和学生的实际，创造性地开发和利用各种历史教学资源。"① 中学历史教科书把学生价值观的培养放在至关重要的地位。因此在教学中，教材是教师完成"课程思政"目标的第一手资源。教师充分理解和恰当选择教材内容，才能达到"课程思政"和历史教学的双重育人目标。统编版高中《中外历史纲要（下）》中蕴含着丰富的课程思政资源，发掘其中的思政资源是做好历史课堂中思政建设的重要路径。本文主要从"四史"教育、爱国主义教育、"四个自信"教育、世界意识教育四个方面发掘《中外历史纲要（下）》中蕴含的课程思政资源。

（一）"四史"教育

"历史是最好的教科书，也是最好的清醒剂。"② "党的十八大以来，以习近平同志为核心的党中央高度重视历史的学习，多次强调学习党史、新中国史、改革开放史和社会主义发展史。"③《中外历史纲要（下）》蕴含"四史"资源，但目前研究相对欠缺。深入发掘和整合《中外历史纲要（下）》中"四史"育人的内容，对于深化新课程改革有重要意义。"四史"内容主要包括中国共产党 100 年来的奋斗史、中华人民共和国 70 多年来的成长史、改革开放 40 多年来的实践史、科学社会主义 170 多年的发展史。统编版《中外历史纲要（下）》中的"四史"资源主要包括世界历史发展视域下的共和国史和社会主义发展史。

共和国史是中华人民共和国成立 70 多年以来的历史。统编版《中外历史纲要（下）》中共和国史的相关课程思政教学资源集中体现在第八、九单元。第八单元主要内容为"20 世纪下半叶世界的新变化"。通过第八单元第 18 课《冷战与国际格局的演变》、第 20 课《社会主义国家的发展与变化》的学习，教师带领学生在世界历史的范围内更加清晰地看到中国特色社会主义建设取得的巨大成就，明白社会主义的强大生机和动力。第

---

① 杜芳. 新理念历史教学论 [M]. 2 版. 北京：北京大学出版社，2013：33.

② 习近平. 在纪念全民族抗战爆发七十周年仪式上的讲话 [N]. 人民日报，2014 - 07 - 07（2）.

③ 习近平. 在"不忘初心、牢记使命"主题教育总结大会上的讲话 [N]. 人民日报，2020 - 01 - 09（2）.

九单元的主要内容为"当代世界发展的特点与主要趋势"。通过第九单元第 22 课《世界多极化与经济全球化》、第 23 课《和平发展合作共赢的时代潮流》，教师能够带领学生看到：中国面临世界一个世纪以来最大的变化，中国主张并坚持推进建立一个人类命运共同体。这是中国为世界和平与发展、为全球治理制度改革与建设，贡献的中国智慧与中国方案。

社会主义发展史指的是世界社会主义从空想到科学、从理论到实践、从一国到多国的发展历程。统编版《中外历史纲要（下）》中社会主义发展史课程思政教学资源集中体现在第五、七、八单元。通过第五单元第 11 课《马克思主义的诞生与传播》的学习，学生能够理解马克思主义产生的时代背景、基本原理及世界意义。通过第七单元第 15 课《十月革命的胜利与苏联社会主义实践》的学习，学生能够理解十月革命重要而深远的历史意义。而在学习完第七单元第 16 课《亚非拉民族民主运动的高涨》之后，学生能够更加理解处于两次世界大战之间的民族民主运动对国际秩序的影响。通过第八单元第 18 课《冷战与国际格局的演变》、第 20 课《社会主义国家的发展与变化》的学习，学生能够理解冷战的发生、发展与世界格局之间的相互影响，明白社会主义的强大生机和活力。通过学习世界社会主义的发展历程，学生能够理解世界社会主义的发展历程给中国社会主义发展带来的经验和教训。教师从而引导学生更加坚信中国特色社会主义的发展前途是光明的。

（二）爱国主义教育

加强爱国主义教育、培育民族精神，一直是凝聚中华民族伟大力量的重要任务。爱国主义教育是高中历史课堂思政教育中的重要组成部分。统编版《中外历史纲要（下）》给教师和学生提供了更加广阔的视野，可以在世界历史发展视角下看待中国的发展历程。如通过第六单元"世界殖民体系与亚非拉民族独立运动"的学习，学生能够了解西方列强建立世界殖民体系的过程，以及亚非拉人民的抗争。学生能够理解殖民地半殖民地的民族独立运动对世界发展的重要影响。在学生明晰世界局势的基础之上，教师通过视频、图表等形式进一步展现资本主义发展过程中的血腥和残酷，让学生更加明白亚非拉人民抗争的不易。通过讲述，教师让学生联想到面对世界殖民体系中国人民所作的抗争。教师通过展示视频、文艺作品等，让学生明白当今幸福生活的来之不易，增强对学生的爱国主义教育。

（三）"四个自信"教育

（1）中学历史教学要增强"道路自信"教育。中学历史教学要让学生在历史学习中，了解中国革命与建设的光辉历程，坚定道路自信。如在学习第八单元"20世纪下半叶世界新变化下中国特色社会主义取得的瞩目成就"时，教师需要补充让学生认识两个基本事实：第一，中国特色社会主义道路是历史的选择。中国在民主革命阶段走过了一条曲折的道路，从封建旧式道路到资本主义歧途，再到新的社会主义道路。在社会主义革命与建设过程中，我们实现了从学习与效仿苏联单一的计划经济发展模式，到走出一条有中国特色的社会主义发展道路，这是一个巨大的转变。第二，走中国特色的社会主义道路是一条经过实践检验的成功之路。在改革开放之后，我国不但在经济建设方面取得了举世瞩目的成就，而且在政治、社会、文化和生态文明建设方面都获得了极大的进步。实践证明，中国特色的社会主义道路是一条成功的道路。

（2）中学历史教学要增强"理论自信"教育。那么教师如何将"理论自信"教育更好地落实到《中外历史纲要（下）》的教学中呢？教师要让学生认识到马克思主义的基本原理、意义和传播。教师要让学生认识到十月革命的成功，认识到苏联实践经验教训对马克思主义中国化的重要影响。如在第五单元第11课《马克思主义的诞生与传播》的教学中，教师补充马克思主义在中国传播的专题知识。教师通过史料帮助学生厘清马克思主义中国化的三个阶段。另外，教师还可以指导学生阅读马列原著，引导学生寻访革命遗迹，让学生深度学习马克思主义基本原理，进一步理解中国人民接受马克思主义的历史原因，深入研究马克思主义中国化的过程和影响。[①]

（3）中学历史教学要增强"制度自信"教育。制度自信，就是要对中国特色社会主义制度自信。坚定制度自信，我们国家才会长治久安。教师在"中外历史纲要（下）"的教学中可以将我国现行的制度与其他国家的

---

① 冯朴，杨俊. 坚定"四个自信"：中学历史教学的重要任务 [J]. 江苏教育研究，2020（17）：51.

制度以及我国之前的制度进行横向和纵向的对比。教师在对比的过程中可以培养学生的制度自信。中国特色社会主义制度和西方资本主义制度的对比可以让学生更加直观地意识到资本主义制度存在的缺陷。而对苏联社会主义制度的回顾可以让学生清楚苏联社会主义的经验教训：苏联社会主义制度的弊端影响了苏联的发展，但对苏联社会主义的抛弃却颠覆了整个国家。中国特色社会主义制度是不断经过实践的检验发展而来的，是适合我国国情的社会制度，和我国过去进行纵向对比同样能够培养学生的制度自信。《中外历史纲要（下）》中第20课《社会主义国家的发展与变化》展示了中国自改革开放以来取得的辉煌成就。教师在教学过程中可借助视频和图表等让学生更加直观地看到中国特色社会主义建设取得的瞩目成就，让学生更加深入体会到中国特色社会主义的强大生机，增强制度自信。

（4）中学历史教学要增强"文化自信"教育。文化自信就是要对中华民族优秀文化自信。"坚定中国特色社会主义道路自信、理论自信、制度自信，说到底是要坚定文化自信，文化自信是更基本、更深沉、更持久的力量。"① 文化是一个民族的重要组成部分。中学阶段是学生建立正确价值观的重要时期。在国外文化及网络文化的影响下，学生很容易对中华民族的优秀文化产生情感上的偏差，从而导致他们忽略中华民族的优秀文化，而崇洋媚外，甚至将自己的民族文化当成糟粕，将其视为封建迷信思想。在"中外历史纲要（下）"的教学中，教师要在脉络上帮助学生厘清世界多样文明的产生和发展，了解世界历史的发展。教师要对学生进行文化自信的培养，让他们不会对外来文化盲目地顶礼膜拜，让他们认识到中华民族文化的源远流长与优越，从而辩证地看待思想文化领域的多元化。

（四）世界意识教育

中学历史课程思政建设要注重世界意识教育。《普通高中历史课程标准（2017年版2020年修订）》中指出要"了解世界历史发展的多样性，理解和尊重世界各国、各民族的文化传统，具有广阔的国际视野"。② 世界

---

① 习近平. 在哲学社会科学工作座谈会上的讲话 [N]. 人民日报, 2016–05–19 (2).
② 中华人民共和国教育部. 普通高中历史课程标准（2017年版2020年修订）[M]. 北京：人民教育出版社，2021：7.

意识就是要把世界看作一个相互联系的整体，把中国放置在世界大环境之中，用宏观的、联系的视角看待世界与中国。在世界意识教育中，学生要有开阔的眼界，要有国家的胸怀，要有世界的眼光，要有对其他国家的历史的尊重。在当今世界，各国人民是相互依存的，学生要尊重各国人民的民族感情和文化。世界意识教育还要求学生了解我们需要国际团结与合作，致力于世界和平，促进共同发展。21世纪全球化早已是不可逆的趋势，没有哪个国家能独立于世界之外，世界意识在当今世界是必备的思维。我国历史上就曾经因为没有世界意识，把自己孤立于世界之外而遭受了惨痛教训。走向封建末路的清王朝还沉浸在天朝上国的美梦里闭关锁国，而与此同时西方世界正在解放思想并全力发展经济，最终英国的坚船利炮使早已日薄西山的清政府从天朝上国的迷梦中惊醒。这告诫我们封闭就会落后。自从15、16世纪新航路开辟以来，世界日益由孤立分散走向一体；到了21世纪，世界开始演变为"地球村"，早已变成密不可分的整体，任何国家都是其中的一部分。《中外历史纲要（下）》中第九单元"当代世界发展的特点与主要趋势"集中阐述了这种时代特性。进入新时代，中国积极走出去，参与国际事务，在与世界的紧密接触中不断提升自我，中国离不开世界，世界也离不开中国。教师对高中生进行世界意识教育，就是要让学生拥有全球化视野，从宏观的角度把握中国的未来。

三、《中外历史纲要（下）》中实现课程思政的策略

思政教育的实践是推动高中历史课程与思政教育相结合的重要途径。积极探索《中外历史纲要（下）》中课程思政的实现策略是非常重要且必要的，对统编教材《中外历史纲要（下）》课程思政教学的策略研究能够为课程思政走进历史课堂提供经验借鉴。

（1）课程思政建设要符合历史学科本身的属性。

当前，我国高中历史教育普遍存在只注重"知识"的灌输、"应试技巧"，忽视了历史课程自身的教育价值。"以史为鉴"和"读史明志"的盛行，折射出我国传统文化对历史的重视。梁启超认为：研究历史的目的

在于将过去的真事实予以新意义或新价值，以供现代人活动之资鉴。① 所以，更大限度地发挥历史学科的育人价值，这与传统史学的功能定位一致。发挥历史学科的育人价值是将学问拿来使用，可以突破"为学问而学问"的历史教学方式。实施"思政观"有助于从多个层面挖掘历史学科的育人作用。在新的时代背景下，对历史学科进行思政建设可以说是一种对传统史学素养的延伸。课程思政建设要做到符合历史学科属性，须坚持三个原则：史论结合与政治导向相统一；历史体验与情感激发相统一；史实取用与思政素养相统一。② 而在《中外历史纲要（下）》中做思政建设，教师首先可以活化课本中的历史人物，发挥历史人物的示范作用。例如，在讲述第 11 课《马克思主义的诞生与传播》时，教师可以通过活化马克思来达到深入学生人格塑造的效果。一方面，教师可以依托历史学科教材适当地解读马克思所处的时代背景、生平事迹及主要思想。教师在丰满马克思这个人物形象的基础上，自然而然地突出人物的精神品质，以切实有效地感染学生。另一方面，教师在评价马克思时要本着历史原则、发展的观点，坚持采用阶级分析的方法，全面具体地展开评价。教师的评价要使人物的精神品质得以升华，让学生不由自主地认同。在《中外历史纲要（下）》中做思政建设，教师还可以依托历史事件，分析出政治理论从而达到思政建设的目的。例如教师在第 15 课《十月革命的胜利与苏联的社会主义实践》中讲到"苏联建设社会主义的实践"这一子目时，可以带领学生梳理苏联发展、改革与解体的过程。梳理后，教师带领学生就苏联经济建设主线进行拓展和补充，从而延伸到我国现今的基本经济制度。教师通过介绍"苏联模式"实行绝对公有制的弊端，以及苏联后续几位领导人没有突破传统体制改革的史实，与我国基本经济制度形成对比，以突出我国基本经济制度的创新性和科学性。

（2）课程思政建设要做好历史学科素养的培养。

基于历史学科本身的学科属性，教师在中学历史教学中需要培育学生唯物史观、时空观念、史料实证、历史解释和家国情怀这五点核心素养。

---

① 梁启超. 中国历史研究法补编 [M]. 北京：中华书局，2015：5.

② 刘君滕. 高中历史学科知识融入思想政治课教学研究 [D]. 沈阳：沈阳师范大学，2022：43－45.

在课程思政理念的引导下，教师通过课程思政的意识引导中学历史教学更有效地发挥其育人的价值，挖掘出学科自身的思政亮点与优势。就结合中学历史教学核心素养而言，国家教育部门在课程思政指导意见中指出教师需要帮助学生掌握马克思主义的世界观与方法论。唯物史观是马克思哲学思想的精髓，是学习历史所必需的。教师在第 11 课《马克思主义的诞生与传播》"马克思主义的诞生"这一子目的教学中，可以对"唯物史观"这一知识点进行拓展补充。教师要在教授让学生熟悉唯物史观的基本内容的同时，也让学生更加明白"唯物史观"作为历史学习核心素养的重要意义。教师须让学生认识到是唯物史观使历史学成为一门科学。教师要积极引导学生明白：只有运用唯物史观的立场、观点和方法，才能对历史有全面、客观的认识。家国情怀更是一名学生在历史学习过程中需要养成的重要品质，是课程思政理念对落实社会主义核心价值观的基本要求。教师可以在世界范围内国家民族的独立运动和对侵略势力的抗争这两个知识板块中培养学生的家国情怀。如在第 13 课《亚非拉民族独立运动》的教学中，教师通过带领学生回顾亚非拉人民斗争的过程，让学生更加明白举国上下团结一致、民族有凝聚力是渡过外来危机的关键。教师培养学生时空观念、史料实证和历史解释三项核心素养，对于学生通过历史学习来认识历史现象之间的关联、客观公正地评价历史人物与事件有着积极的指导作用。教师在"中外历史纲要（下）"的教学中要引导学生注意中外大事年表的比对，从而进一步引导学生在已有的中国历史知识基础上培养世界意识，注重中外历史事件的联系，在世界发展大势下更加客观公正地评价人物。中学历史教学核心素养符合课程思政理念的基本要求，在培养学生历史学习的理性思维方面具有积极的意义。

（3）课程思政建设要做好历史教学中的横向比较。

在《中外历史纲要（下）》中，课程思政的建设尤其要做好历史教学中的横向比较。在《中外历史纲要（下）》的教学中，横向的历史比较要求：教师带领学生在《中外历史纲要（上）》所学中国历史的基础上，联系《中外历史纲要（下）》中世界历史的内容，对比中外历史、总结历史发展规律，从而进一步印证马克思主义理论的科学性。如在《中外历史纲要（下）》第四单元"资本主义制度的确立"的教学中，教师可以帮助学生梳理：西欧封建社会后期，资本主义的萌芽是西欧相继发生文艺复兴、宗教改革、启蒙运动以及近代科学兴起的决定性条件，而思想的解放又是社会变革的先导。17—19世纪，资产阶级在一些国家相继进行了不同规模、不同形式的革命和改革，确立资本主义制度。在梳理该单元学习线索的同时，教师通过史料展示同一时期中国的现状：明清时期，中国统一的多民族国家进一步巩固，封建社会由盛转衰，君主专制发展到顶峰；农耕经济高度繁荣，手工业、商业得到发展，资本主义萌芽却受到政策抑制；教育、科举、文化政策也都体现了君主专制加强的色彩，科举制八股取士加强了君主专制。教师通过单元线索的梳理和同时期中外历史阶段特征的对比，能够引导学生更加深刻地理解唯物史观中"社会存在决定社会意识，社会意识反作用于社会存在"的原理，从而更加深刻地理解唯物史观的科学性。在《中外历史纲要（下）》的教学中，中外历史的联系对比还可以增强学生的文化自信，加深学生对历史概念的理解，培养学生的历史思辨能力。如教师在第九课《资产阶级革命与资本主义制度的确立》的教学中讲到近代民主思想时，可以注重联系我国儒家民本思想的内容。教师通过史料展示近代民主思想是"以人为本"思想的体现。教师进一步引导学生："以人为本"的思想在我国古代儒家政治观念中就已经有所体现了；民本思想是儒家政治观的一项重要内容；从孔子的"为政以德"、孟子的"民贵君轻"、荀子的"君舟民水"、董仲舒的"天人感应"，一直到黄宗羲提出"君主是天下之大害"，儒家的民本思想一直向前发展。这样可以增强学生的文化自信。当然教师在增强学生文化自信的同时，还应引导学生看到近代民主思想和儒家民本思想的不同（表1），加深学生对相关概念的理解，提高学生的历史思辨能力。

表1　近代民主思想和儒家民本思想的比较

具体方面	经济基础	阶级基础	权力主体	治国方案
儒家民本思想	自然经济	地主阶级	君权神授	以德治民
近代民主思想	资本主义经济	资产阶级	天赋人权	依法治国

（4）课程思政建设要做好历史学科大单元与大概念教学。

相对于自然单元的线性教学，大单元教学将目标、内容、实施与评价贯通起来，赋予学科内板块之间以及不同学科板块之间有意义的联结，大单元教学能够形成互补式、互证式、呼应式的"完整"学习事件，促进学习者跨情境迁移能力的提升。在全面推进课程思政建设的当下，教师要增强思政课程与历史学科课程的沟通互联，充分发掘历史学科课程和教学方式中蕴含的思政教育资源。而大概念是大单元教学的重要纽带，大概念能够使各种知识相互整合，使得核心素养得以"炼制"出来。大单元教学视域下的课程思政建设要树立整合取向的知识观，从学科核心素养中凝练出具有价值引领性、包容性强的大概念，并以大概念为核心，形成铸魂育人有深度、横纵贯通有层级的知识谱系。高中历史课可以基于家国情怀的意涵，立足大概念进行思政建设，依据新课标中"对教科书的顺序、结构进行适当的调整，将教学内容进行有跨度、有深度的重新整合"。张志安等学者提出高中历史课注重家国情怀培育的教学评价应基于家国一体、中华民族共同体、人类命运共同体等大概念。①《中外历史纲要（下）》中的思政建设亦可以参考立足家国一体、中华民族共同体、人类命运共同体等大概念。例如在《中外历史纲要（下）》第九单元"当代世界发展的特点与主要趋势"的教学中，教师可以对单元教学内容进行整合。教师在教授内容前首先向学生介绍人类命运共同体的大概念。教师通过探究人类命运共同体概念提出的历史背景与原因，在展示史料史实和小组讨论的基础上，让学生结合所学知识了解冷战结束后世界的发展特点以及出现的全球性问题，进一步认识人类社会共同面临的机遇与挑战，理解和平、发展、合作、共赢成为时代潮流的现实趋势。教师从"推动构建人类命运共同体"是中国为应对全球共同挑战和建设美好世界而提出的中国方案出发，追问学生："中国面对世界未有之大变局，还作了哪些努力？"学生通过阅读教材回答。教师补充史料对学生的回答进行补充总结。

结　语

随着新时代"三全育人"理念的提出，当前高中历史教学改革进入一个新的阶段。新课标中明确提出以"立德树人"为历史课程根本任务。在

---

① 张志安，江舟，孙熠洋. 大单元教学视域下高中历史课程思政审思 [J]. 江苏教育，2023（3）：18.

"立德树人"理念指导下编制的统编版新教材，既为高中历史教学中开展思政教育提供了指南，也提供了可供使用的适合课程思政需要的教学材料。历史教科书当中蕴含的思政教学资源还有待进一步的发掘利用。本文主要从"四史"教育、爱国主义教育、"四个自信"教育、世界意识教育四个方面发掘《中外历史纲要（下）》中蕴含的课程思政资源。而在如何用好发掘出的课程思政资源方面，本文总结策略如下：第一，课程思政建设要符合历史学科的属性；第二，课程思政建设要做好历史学科素养的培养；第三，课程思政建设要做好历史教学中的横向比较；第四，课程思政建设要做好历史学科大单元和大概念的教学。将课程思政理念融入高中历史教学符合高中历史教育改革和落实全课程育人观念的发展趋势；将课程思政理念融入高中历史教学不仅能够有效地培养和发展学生的历史学科的核心素养，而且能够在教学的各个环节潜移默化地对学生进行思政教育；将课程思政理念融入高中历史教学有助于贯彻新课标所提倡的"以立德树人为历史课程的根本任务"的教育理念，能够为培养合格的社会主义建设者和接班人奠定坚实的基础。

新时代中学历史课程思政的实施策略探究

杨天文*

进入新时代，面对错综复杂的国内外环境，爱党爱国的家国情怀，坚定的道路自信、理论自信、制度自信、文化自信等就显得格外重要。所以我们在努力发挥思想政治理论课作用的同时，也应该努力挖掘各个学科蕴含的思想政治教育资源。习近平总书记在学校思想政治理论课教师座谈会上曾明确提出："坚持显性教育和隐形教育相统一，在理直气壮开好思政课的同时，要挖掘其他课程和教学方式中蕴含的思想政治教育资源，实现全员全程全方位育人。"①由此可见，课程思政对实现立德树人这个根本任务有着十分重要的作用。

鉴于此，本文拟以中学历史课程如何落实课程思政为研究对象，探讨中学课程思政建设中存在的问题及原因、要达到的目标、中学历史学科建设课程思政的实施策略，以期为中学课程落实课程思政建设提供借鉴。

一、 中学课程思政实施存在的问题及原因

第一，中学课程思政实施存在的最大问题就是中学对课程思政认识不够，轻视课程思政。中学教育强调立德树人，强调培养德智体美劳全面发展的社会主义建设者和接班人，但中学教育的另一头又常常牵着升学率。在中学招生简章中，重点大学升学率、一本升学率、本科升学率都是首要

* 杨天文，广西民族大学民族学与社会学学院2022级中国史专业硕士研究生。

① 习近平. 思政课是落实立德树人根本任务的关键课程 [J]. 求是，2020 (17)：14–15.

宣传点，因为这是现实中明目可见、家长主要关心的方面。有了更高的升学率，才会有更多更好的生源。在这种思想引导下，唯成绩论大行其道，在一些中学看来，在各个学科中融入思想政治教育是一种浪费时间、影响学科教学的行为，对提高学生成绩和升学率没有帮助，所以潜意识里轻视课程思政。

第二，中学课程思政容易流于表面和形式。各科教师作为自己任教学科的课程思政负责人，如果没有专门研读学习课程思政真正的内涵、花时间挖掘任教学科中的思政教育资源并将两者紧密结合，就很容易使课程思政建设流于表面和形式。很多教师没有认识到课程思政的意义，对课程思政重视不够，然后简单应付，生搬硬套，这样的课程思政肯定达不到目标效果。

第三，课程思政形式老旧，缺乏趣味和创新。对于接受课程思政教育的主体学生而言，在接受学科教学中几乎没有思政教育或零星不成系统的思政教育，有时会出现几节非常明显的学科教学课直接变成了政治思想教育课，形式老旧，生搬硬套，缺乏趣味和创新，不能与时俱进。造成这种现状的主要原因就是各学科任课教师没有认识到课程思政的重要性，缺乏将学科教学和课程思政巧妙结合的能力，生搬硬套，容易引起学生反感。

第四，中学学科教学评价的思政作用被忽视。现行的中学学科教学评价主要从教学目标、教学内容、教学过程、教学效果、教学思想、教学方法等评价项目来评价一堂课。其中，教学内容、教学过程、教学效果是主要的得分项，却忽略了教学中的思政评价。主要的原因是现行的评价制度不够完善，忽视课程思政，所以中学学科教学评价也需要与时俱进，改革完善。

二、中学历史课程思政的目标

普通高中历史课程的目标是坚持落实立德树人的根本任务。学生通过历史课程的学习能够了解唯物史观的基本观点和方法，理解唯物史观是科学的历史观，能够将唯物史观运用于历史的学习与探究中，并将唯物史观作为认识和解决现实问题的指导思想；能够在树立正确历史观的基础上，从历史的角度认识中国的国情，形成对祖国的认同感和国家观；能够认识中华民族多元一体的历史发展趋势，形成对中华民族的认同感和正确的民族观，具有民族自信心和自豪感；了解认同中国各个时期的文化和英雄人物，认同社会主义核心价值观，树立四个自信，能够确立积极进取的人生态度，塑造健全的人格，树立正确的世界观、人生观和价值观。① 具体而言，中学历史课程思政的大致目标有以下五个方面：

第一，实现立德树人，引导学生形成正确的三观。教育的根本任务是立德树人，课程思政也是为了实现立德树人的目标而采取的重大举措。② 中学历史课程思政需要从历史的角度，充分挖掘历史资源开展教学，如各地留存的大量的红色文化资源，帮助学生形成正确三观。

第二，树立唯物史观，帮助学生把唯物史观作为指导思想。唯物史观为人们提供了正确认识社会现象和社会历史发展规律的思想路线，是科学的历史观和方法论。③ 人类对历史的认识是由表及里，逐渐深化的，要透过历史的纷杂表象认识历史的本质，如果没有科学的历史观和方法论，看历史就不能做到全面客观，就不能看透历史的本质。④ 唯物史观使历史学成为一门科学，只有树立唯物史观并运用唯物史观的立场、观点和方法，才能对历史有全面、客观的认识。所以中学历史课程思政的目标之一就是帮助学生树立唯物史观，运用唯物史观认识和解决平时日常生活中遇到的现实问题，提高明辨是非的能力，把唯物史观作为指导思想；同时引导学生反对历史虚无主义等错误思潮，提高学生对各种思潮的认识和抵制错误思潮的自觉性和主动性。

第三，提高国家认同和民族认同，形成正确的国家观和民族观。当今社会是网络社会，每个人都可以轻易接触网络、在网络上畅所欲言，所以

---

① 中华人民共和国教育部. 普通高中历史课程标准（2017 年版 2020 年修订）［M］. 北京：人民教育出版社，2020：6 - 7.

② 陈美兰，易君霞，卢昊. 新时代中学课程思政的目标依据及路向展望［J］. 江苏教育，2023（3）：7 - 11.

③ 徐蓝. 关于历史学科核心素养的几个问题［J］. 课程·教材·教法，2017，37（10）：25 - 34.

④ 中华人民共和国教育部. 普通高中历史课程标准（2017 年版 2020 年修订）［M］. 北京：人民教育出版社，2020：4.

网络社会更容易出现各种言论。有些可能是境外反动势力故意煽动、挑拨民族情绪的发言，有些可能是个别民族主义者和国家分裂者发布的言论，或者是各种思想激荡、地域歧视、民族歧视、国家歧视的言论等。中学生正处于三观形成阶段，对于网络上的一些言论很难鉴别，容易轻信某些错误言论，从而形成错误的国家观和民族观。这需要引起重视，在中学历史课程思政教育中帮助学生了解中国共产党成为执政党、建立中华人民共和国的历史必然；帮助学生认识五十六个民族平等互助一家亲、中华民族多元一体的历史和发展趋势；提高国家认同和民族认同，形成正确的国家观和民族观，培养国家自豪感、民族自豪感。

第四，提高文化自信，加强学生对中华文化的认同。历史学科有一个特点，就是可以直接学习中华文化的内容，在学生学习中华优秀传统文化、革命文化、社会主义先进文化时，巧妙融入课程思政，加强学生的文化认同感，提高文化自信，正确认识到中华文明的历史价值和现实意义。

第五，培养家乡情结、家国情怀。历史有国家的历史，也有地方的历史。了解家乡的历史，可以更深层次地认识家乡、热爱家乡，培养家乡情结、家乡自豪感，进而培养家国情怀。在中学历史课程思政中要充分挖掘与当地有关的历史资源，融入课程思政。在欠发达地区更应重视，要培养学生学习不是为了摆脱贫困的家乡，而是学有所成后建设家乡、让家乡摆脱贫困的服务家乡的情怀。

三、中学历史课程思政的实施策略

中学历史课程思政的实施策略根据主体划分，可以通过教育行政部门、学校、教师等主体来实施。根据这几个主体特点的不同，实施策略也有侧重，具体有以下三个方面：

（一）优化中学历史课程内容的文本表现形式和教学评价

课程内容的文本表现形式包括课程计划、课程标准和教材三种。课程计划是指国家教育行政部门制定的有关学校教育和教学工作的指导性文件，是组织教育和教学工作的重要依据，也是衡量学校工作和质量的基本依据。课程标准是指国家根据课程计划以纲要的形式编定学科的内容及其实施、评价的指导性文件。课程标准具有主导作用；其一，它是教材编写、教师进行教学的直接依据。其二，它也是考试命题的依据，是衡量各科教学质量的重要标准。教材是指教师和学生进行教学活动的材料，包括教科书、讲义、参考书等，是教师进行教学的主要依据。

优化中学历史课程内容的文本表现形式是实现中学历史课程思政的关键环节。理论指导实践，如果中学历史的课程计划能够更多融入课程思政的内容，那么相应课程计划的具体化课程标准也会融入课程思政的内容，依据课程标准编写教材，教师教学和考试命题都会更多考虑课程思政。这将从根本上扭转学校、教师等主体忽视课程思政重要性的情况。国家教育行政部门可以联合省一级地方教育行政部门，合作编写各个省份的初中、高中地方史教材。在初中历史阶段，地方史内容可以直接纳入各个省份的中考，作为中考历史的一部分的命题依据。在高中历史阶段，虽然地方史作为选修课之一，但可以要求学校安排相应课时，纳入教学建议、评价建议。这些措施可以让地方学校更加重视学生对家乡历史的学习，让教师投入更多时间研究和教好地方史。教师讲好地方史，能够吸引学生更多的兴趣，增加对家乡历史的认识，形成人人以熟知家乡历史为荣的风气。而对家乡历史的学习是中学历史课程思政的措施之一，熟知家乡历史能培养家乡情结，形成家乡自豪感、荣誉感、归属感，服务家乡的情怀，从而上升到家国情怀，培养出具有家国情怀的社会主义建设者和接班人。

历史教学是培养和发展学生历史学科核心素养的基本途径。要实现基于历史学科核心素养的教学、结合课程思政的教学，需要建立历史教学与课程思政相结合的评价标准和中学历史教学评价的思政评价制度。优化革新教学评价制度，以制度引导教师重视历史教学与课程思政相结合。

（二）转变传统观念，大力发展中学历史课程思政

从传统唯成绩论观念出发，学校主体认为课程思政不仅对提高学生成绩没有太大作用，而且会影响学科教学，影响教师教学步骤。进入新时代、新发展时期，唯成绩论的观念愈发不符合新时代的发展和要求。学校要从根本上认识到教育的最终目的是立德树人，不是数据好看的升学率，不能背道而驰。一个德智体美劳全面发展的中学生才是中国未来的希望，而不是一个成绩优秀而精神空虚、品德不全的学生。

德育、智育、体育、美育、劳动技术教育五项全面发展的教育之间是相辅相成的，是互相联系、互相促进提高的统一整体。不能割裂这个整体，只注重发展学生智育，忽视其他教育的发展。学校要转变思想，认识到课程思政教育和学生学习成绩是互相促进提高的关系，不是互相排斥的两面，而是互相促进融合提高的两面。在中学历史思政课程教育中，了解家乡历史、祖国的优秀文化、历史榜样的英雄事迹等，可以使学生深刻认识到自己为了什么而学习、为了谁而学习，从而激发出强大的持久的学习动力。学习是一件快乐的事情，但大多数的中学生对学习往往产生畏惧抵触心理，就算投入学习当中，也是因为要听父母的话等原因，学得并不开心。学生学习不主动，往往是对学习意义的不了解，不清楚为了谁而学习，缺乏远大理想，没有坚定的信念。而实行课程思政能够潜移默化地让学生认识到学习的意义，认识到学习不只是单纯为了自己，也可以为了家乡、为了祖国，从而树立远大理想，坚定理想信念，渐渐提高学习的积极主动性。

所以学校一定要深刻认识到课程思政教育的重要性，转变传统观念，大力发展课程思政教育。针对学校发展中学历史课程思政，主要有以下策略：

（1）调整招聘历史教师标准。学校在招聘中学历史老师时，应把课程思政巧妙融入历史课的能力作为主要录取标准之一，在招聘公告中明示。以这个标准为参考，以后的中学历史教师都会重视中学历史课程思政，在招聘前为了提高竞争力，会有意识地提高这方面的能力；在走上工作岗位后，也能进阶做好中学历史课程思政。

（2）组织有关教师进行中学历史课程思政能力比赛。组织比赛，能很好地锻炼教师的能力。比赛应设立奖项，如作为教师评定职称的参考之一，激发教师参与的积极性，提高比赛水准，从而提高全校历史教师的中学历史课程思政的能力。

（3）开展历史研学活动，把课程思政紧密融入历史研学活动当中。课程思政除了融入中学历史课堂的正常教学中，还可以融入历史研学当中。早在2016年，教育部就发布了《关于做好全国中小学研学旅行实验区工作的通知》，体现了国家对研学教育的高度重视。经过多年发展，研学活动已经成为中小学流行的教学方式之一，因其独特的教学方式，深受学生欢迎。研学继承和发展了中国传统"读万卷书，行万里路"的教育理念，目的是让学生将书本上的知识与所见所想相印证，丰富知识，开阔视野，促进理论与实践相结合。①

（4）开发具有课程思政的中学历史校本课程。校本课程是以学校为课程编制主体，学校自主开发与实施的一种课程，可以充分考虑学校的主客观条件及其所处地方的经济与历史文化水平。学校在开发中学历史校本课程时要以当地的历史文化名人、革命先烈、历史遗迹、地方特色为主，紧密融入课程思政，增强学生对家乡的认识，培养家国情怀。② 例如，江西省上饶市的中学，可以组织学校历史教师和课程专家等合作，开发包含无产阶级革命家方志敏同志在内的中学历史校本课程。这门校本课程要充分介绍方志敏同志的生平事迹，收录以《可爱的中国》为代表的著作，详细叙述方志敏同志所作的贡献及其意义，引导学生学习方志敏同志的大义担当、强烈的爱国情怀。

（三）创新思维方式，提升实施中学历史课程思政的能力

教师是学生学习的引导者和学生发展的促进者。中学历史教师是中学历史课程思政的开发者和实施者。因此，在中学历史课程思政的发展和实施中，中学历史教师占据十分重要的地位。以中学历史教师为主体，中学历史课程思政的发展和实施主要有以下策略：

（1）转变思想，努力提升实施中学历史课程思政的能力。历史教师要深刻认识到中学历史课程思政的重要性，转变以前轻视历史课程思政的思想，以积极的态度学习课程思政的内涵、方法、目的和意义，并深入挖掘历史资源，认真钻研中学历史与课程思政相结合的方式方法，提升把课程思政紧密融入中学历史教学的能力；积极参加学校组织的中学历史课程思政教学比赛，锻炼、提高自身能力。

（2）为人师表，做学生的优秀榜样。除了父母，和学生接触最多的就是教师，教师的一言一行都容易影响到学生。实施中学历史课程思政，落

① 方雪琴，毛齐明. 真实性学习理念下的校本课程开发［J］. 教育探索，2019（2）：40－44.

② 徐寅洁. 课程思政视域下中学历史教学家国情怀素养的培育［J］. 文教资料，2020（21）：190－192.

实立德树人的教育目标，教师要以身作则，为人师表。在日常生活中要严于律己，遵守社会公德，爱党爱国爱家乡，举止文明，言语规范，注重身教等，努力做学生的榜样。

（3）联系地方历史，巧妙融入课程思政。《中外历史纲要（上）》中第 22 课《南京国民政府的统治和中国共产党开辟革命新道路》之第二目"工农武装割据开辟革命新道路"①，提到毛泽东创立第一个农村革命根据地——井冈山革命根据地。教材介绍得很简单，如果历史教师也不详细介绍，学生很难感受到井冈山革命根据地创立的重要性。这不是教材的问题，毕竟中国历史上下五千年，体量太大，如果都要求中学生了解详细、感悟很深，是很难做到的。这需要中学历史教师有重点和目的地额外加以介绍、讲解。井冈山革命根据地是中国共产党开辟的第一块农村革命根据地，开辟了农村包围城市、武装夺取政权的全新道路。这是中国共产党独立自主走出来的一条新路，也正是这条新路，使中国共产党带领人民走向胜利。这是党历史上光辉的一页，意义十分重大。

任教于江西中学的历史教师可以专门设计一节介绍井冈山革命根据地的教学课。因为教材涉及地方历史，当地学生学起来会更加亲切，也可以加深学生对家乡历史的了解，增强家乡自豪感。融入课程思政，教学内容可以详细介绍中国共产党带领井冈山人民开展打土豪、分田地的土地革命运动；颁布《井冈山土地法》，使广大受压迫的贫苦农民翻身做主，全面激发了根据地人民的革命热情和生产热情。土地革命运动使中国共产党获得了广大农民的支持和拥护，是中国共产党依靠群众路线走向胜利的生动实例。详细介绍这部分内容，可以引导学生了解中国共产党为了群众、依靠群众的光辉历史，认识到中国共产党必然成功的原因，从而真心拥护党的领导；还可以介绍在井冈山革命根据地党是如何领导人民艰苦卓绝地打破国民党的经济封锁、战胜各种困难的实例，从而引导学生认识到中国共产党革命的胜利是来之不易的，中国共产党的历史是一部艰苦奋斗史，中国共产党是一个伟大的党。通过这些内容，引导学生学习党艰苦奋斗的优良传统，培养吃苦耐劳的精神。

---

① 中华人民共和国教育部. 中外历史纲要（上）[M]. 北京：人民教育出版社，2019：135 – 136.

（4）突破固定思维，实施中学历史课程思政。课程思政是隐形教育，在中学历史课上可以随时存在，不必拘泥于固定思维，可以用学生喜闻乐见的形式达到中学历史课程思政的目的。例如，在讲到维新运动介绍梁启超时，可以向学生播放许嵩作曲、张杰演唱的《少年中国说》。这首流行音乐的词改编自梁启超的文章《少年中国说》，整首歌曲大气磅礴，鼓舞人心，强烈表达了梁启超对中国少年的殷切期盼和爱国情感。把流行音乐运用于中学历史教学，引导学生感受爱国情怀和增强振兴中华的使命感，这就是突破固定思维实施中学历史课程思政的范例。

结　语

综上所述，课程思政的目标和中学历史的课程目标有很多相通之处，所以课程思政与中学历史相结合有着天然优势和其必然性。① 本文通过阐述中学课程思政实施存在的问题及原因、中学历史课程思政的目标、中学历史课程思政的实施策略，较为详细地分析了如何将课程思政融入中学历史教学，以达到立德树人的教育目标。进入新时代，更强调教育的立德树人，强调学科教学与课程思政的紧密结合。这需要教育行政部门、学校、教师等主体共同努力。相信在这些主体的努力下，中学历史教学和课程思政会实现共同进步，培养出合格的中国特色社会主义建设者和接班人。

---

① 李慧慧. 中学历史课程思政建设的实践路径与思考 [J]. 基础教育论坛，2022（5）：26 – 27.

《中外历史纲要（上）》"探究与拓展"栏目在中学历史课程思政教学中的应用策略

陈镜涛*

　　"课程思政，即将思想政治教育元素，包括思想政治教育的理论知识、价值理念以及精神追求等融入到各门课程中去，潜移默化地对学生的思想意识、行为举止产生影响。"①将课程思政融入高中历史课堂，这既符合当前我国教育体制改革的需要，也是渗透思政教育的重要途径。2020年修订后的普通高中历史课程标准中明确指出中学历史课程承载着历史学的教育功能，历史课程最基本和最重要的教育理念是全面贯彻党的教育方针。本文以《中外历史纲要（上）》中的"探究与拓展"栏目作为研究对象，主要分析和探讨"探究与拓展"栏目在中学历史课程思政教学中的应用策略。

一、"探究与拓展" 栏目的思政内容

　　"探究与拓展"栏目是统编版历史教科书《中外历史纲要（上）》中每节课的最后一个栏目，包括"问题探究"和"学习拓展"两类。"问题探究"栏目往往围绕一节课中的重难点来设计，是师生突破教科书中重难

---

* 陈镜涛，广西民族大学民族学与社会学学院2021级学科教学（历史）专业硕士研究生。

① 王学俭，石岩. 新时代课程思政的内涵、特点、难点及应对策略 [J]. 新疆师范大学学报（哲学社会科学版），2020（2）：50－58.

点知识的辅助材料；"学习拓展"栏目在教科书中则担负着激发学生的探究兴趣、拓展学生的视野和优化学生思维的作用。由于"探究与拓展"栏目是《中外历史纲要（上）》中一个重要的课文辅助栏目，对"探究与拓展"栏目进行研究，可以加深对该栏目的认知，实现对它的合理选择与科学应用，从而更好地完成教学目标，最终实现立德树人的根本任务。展开来说，这两个部分又有较大的差别：

（一）"问题探究"栏目

该栏目重点考查学生对课文内容的了解程度，以及通过史料阅读是否产生了对所学内容更深层次的思考。其中，文字材料的内容多为课文正文部分中难以展开，但学生又有必要知道和了解的历史知识。按照课程思政内容的不同，"问题探究"栏目的呈现方式分为三种类型：

第一种是国家治理体系类。2013 年 12 月 31 日，在党的十八届三中全会第二次全体会议上，习近平发表了题为"切实把思想统一到党的十八届三中全会精神上来"的讲话，首次全面界定了"国家治理体系"和"国家治理能力"的基本内涵："国家治理体系和治理能力是一个国家制度和制度执行能力的集中体现。国家治理体系是在党领导下管理国家的制度体系，包括经济、政治、文化、社会、生态文明和党的建设等各领域体制机制、法律法规安排，也就是一整套紧密相连、相互协调的国家制度；国家治理能力则是运用国家制度管理社会各方面事务的能力，包括改革发展稳定、内政外交国防、治党治国治军等各个方面。国家治理体系和治理能力是一个有机整体，相辅相成，有了好的国家治理体系才能提高治理能力，提高国家治理能力才能充分发挥国家治理体系的效能。"[①]

例如，《中外历史纲要（上）》第 3 课"问题探究"栏目，如图 1 所示：

---

① 习近平. 切实把思想统一到党的十八届三中全会精神上来 ［EB/OL］.（2013 - 12 - 31）. http://news.xinhuanet.com/politics/2013 - 12/31/c_118787463.htm.

（φ）问题探究

战国后期，荀子到秦国访问。他对人讲述访问观感时说：

（秦）其固塞险，形势便，山林川谷美，天材之利多，是形胜也。入境，观其风俗，其百姓朴，其声乐不流汙，其服不挑，甚畏有司而顺，古之民也。及都邑官府，其百吏肃然莫不恭俭、敦敬、忠信而不楛（kǔ），古之吏也。入其国，观其士大夫，出于其门，入于公门，出于公门，归于其家，无有私事也，不比周，不朋党，偶（tì）然莫不明通而公也，古之士大夫也。观其朝廷，其间听决百事不留，恬然如无治者，古之朝也。故四世有胜，非幸也，数也。

——《荀子·强国篇》

阅读上述材料，分析探讨良好的吏治在秦崛起与统一中起到的历史作用。

图1　《中外历史纲要（上）》第3课"问题探究"栏目

上述材料说明了商鞅变法废旧立新，在政治制度上最重要的措施是废除分封制，在地方普遍推行郡县制，县的主要官员由君主任免、考核。这个制度便于国君直接控制地方，因此，秦国吏治出现了荀子所见"百吏肃然莫不恭俭、敦敬、忠信""不比周，不朋党"。地方的行政管理权从世袭贵族手中回到国君手中，避免了地方分割国家的行政管理权、财政权、军事权，促进了秦国富国强兵和行政高效。这也充分体现了国家治理体系的好坏直接关系到国家的发展。

第二种是红色文化精神类。"红色文化是中国共产党人创造的宝贵文化精神财富，她所蕴含的精神密码是中国共产党独特的精神特质。"[①] 红色文化精神是中国共产党带领中国人民在争取民族独立、人民解放的伟大斗争中形成的革命时期的井冈山精神、长征精神、延安精神等，改革开放时期的创业精神，新时代彰显的工匠精神、企业家精神等。这一系列精神既有共性又有个性特点，都是中华民族精神的时代体现。

例如，《中外历史纲要（上）》第22课"问题探究"栏目，如图2所示：

---

① 张志强. 中国红色文化精神特质及教育传承机制［J］. 河南社会科学，2022（10）：106－115.

（∅） 问题探究

　　长征这一人类历史上的伟大壮举，留给我们最可宝贵
的精神财富，就是中国共产党人和红军将士用生命和热血
铸就的伟大长征精神。

　　伟大长征精神，就是把全国人民和中华民族的根本利
益看得高于一切，坚定革命的理想和信念，坚信正义事业
必然胜利的精神；就是为了救国救民，不怕任何艰难险阻，
不惜付出一切牺牲的精神；就是坚持独立自主、实事求是，
一切从实际出发的精神；就是顾全大局、严守纪律、紧密
团结的精神；就是紧紧依靠人民群众，同人民群众生死相
依、患难与共、艰苦奋斗的精神。

　　伟大长征精神，是中国共产党人及其领导的人民军队
革命风范的生动反映，是中华民族自强不息的民族品格的
集中展示，是以爱国主义为核心的民族精神的最高体现。

　　——习近平《在纪念红军长征胜利80周年大会上的
讲话》（2016年10月21日）

　　学习以上材料，结合史实，说说长征精神的内涵和
意义。

图2　《中外历史纲要（上）》第22课"问题探究"栏目

　　上述材料以长征精神为例，通过回望八十多年前那段苦难和辉煌的历史，让我们更加深刻地认识到，长征精神的思想和实践在中国革命和建设史上留下光辉的一页，在新时代和新形势下，仍然具有重要的现实启示意义。

　　第三种是制度自信类。制度自信，就是对中国特色社会主义制度的优越性的自信。"中国特色社会主义制度，就是人民代表大会制度的根本政治制度，中国共产党领导的多党合作和政治协商制度、民族区域自治制度以及基层群众自治制度等基本政治制度，中国特色社会主义法律体系，公有制为主体、多种所有制经济共同发展的基本经济制度，以及建立在这些制度基础上的经济体制、政治体制、社会体制等各项具体制度。"[①]

　　例如，《中外历史纲要（上）》第26课"问题探究"栏目，如图3所示：

―――――――――

① 中共中央文献研究室. 十八大以来重要文献选编：上［M］. 北京：中央文献出版社，2014：10.

（Ω）问题探究

　　第一条　中华人民共和国是工人阶级领导的、以工农联盟为基础的人民民主国家。

　　第二条　中华人民共和国的一切权力属于人民。人民行使权力的机关是全国人民代表大会和地方各级人民代表大会。

　　全国人民代表大会，地方各级人民代表大会和其他国家机关，一律实行民主集中制。

…………

　　第二十一条　中华人民共和国全国人民代表大会是最高国家权力机关。

　　第二十二条　全国人民代表大会是行使国家立法权的唯一机关。

　　第二十三条　全国人民代表大会由省、自治区、直辖市、军队和华侨选出的代表组成。

　　全国人民代表大会代表名额和代表产生办法，包括少数民族代表的名额和产生办法，由选举法规定。

　　　　　　——1954年《中华人民共和国宪法》

　　结合《中华人民共和国宪法》条文，理解人民代表大会制度是我国的根本政治制度。

图3　《中外历史纲要（上）》第 26 课"问题探究"栏目

　　上述材料展示了《中华人民共和国宪法》中与人民代表大会制度相关的部分条文，其中包括：一方面，人民代表大会制度是由我国的国家性质决定的，人民代表大会制度在国家政治生活中体现人民当家作主和社会主义国家的本质要求。另一方面，人民代表大会制度在我国政治体系中居于核心地位。通过条文，学生更易于理解人民代表大会制度是我国的根本政治制度。

（二）"学习拓展"栏目

　　该栏目一般选取与本课相关但课文中又未直接涉及的内容，通过让学生查阅、搜集相关资料的方式，进而使其发表对相关历史问题的看法。设置"学习拓展"栏目，一是拓宽学生视野，培养学生对所学历史知识的拓展延伸能力；二是侧重培养学生的自主学习能力，使学生通过自主查阅搜集资料的方式来完成对应的学习任务。而中学时期是学生思想发展的关键时期和特殊时期，如果没有正确地对学生进行引导，学生容易在当今复杂的环境中误入歧途。因此，历史教师应充分挖掘该栏目中蕴含的课程思政元素，对学生进行正确的价值观引导，通过潜移默化的方式对学生进行立德树人教育。按照课程思政主体的不同，"学习拓展"栏目的呈现方式分为以下三种类型：

第一种是中华文明的多元一体类。例如，《中外历史纲要（上）》第1课"学习拓展"栏目，如图4所示：

⟳ 学习拓展

我国考古学家苏秉琦在《关于重建中国史前史的思考》中说："相对于世界其他几大历史文化系统而言，中国文化是自我一系的；中国古代文化又是多源的；它的发展不是一条线贯彻始终，而是多条线互有交错的网络系统，但又有主有次。各大文化区系既相对稳定，又不是封闭的……中国文明之所以独具特色、丰富多彩、连绵不断，中华民族之所以能够形成一个统一的多民族国家并在数千年来始终屹立在世界的东方，都与中国文化的传统、中国文明的多源性有密切关系。"

阅读这段话，查阅相关史前文化遗址的考古资料，考察其分布特点，就中华文明的多源性与统一性问题谈谈自己的认识。

图4　《中外历史纲要（上）》第1课"学习拓展"栏目

上述材料说明了中国史前文化既是多样的、不平衡的，又是有内在联系和相对统一的。这个特点是在中国具体的地理环境条件下，经过长期的历史发展而逐渐形成的，即"中华文明多元一体的特质，源于既自成一体又多元复杂的地理环境"。[①]

第二种是制度自信类。例如，《中外历史纲要（上）》第28课"学习拓展"栏目，如图5所示：

———————————

① 李新伟．"多元一体"概念在中华文明探源中的应用［N］．中国社会科学报，2022－10－20（6）．

⟳ **学习拓展**

搜集相关资料,结合所学知识,探讨"一国两制"的由来、发展及实践意义。

图5　《中外历史纲要(上)》第28课"学习拓展"栏目

上述学习任务旨在让学生明白"一国两制"最初是为解决台湾问题而提出的,后来在香港和澳门的回归上成功实践,具有维护祖国统一的重要意义;并且在香港和澳门回归祖国后,促进了两地的经济发展,也为解决台湾问题提供了更好的借鉴。

第三种是家国情怀类。例如,《中外历史纲要(上)》第4课"学习拓展"栏目,如图6所示:

⟳ **学习拓展**

两汉人民创造了灿烂的历史与文化,其中许多杰出人物的昂扬进取、不挠不挠的斗志,给后世留下了宝贵的精神财富。司马迁"究天人之际,通古今之变,成一家之言"的志向,霍去病"匈奴未灭,无以家为"的壮志,张骞"凿空"的勇气,苏武绝不"屈节辱命"的精神,马援"马革裹尸"的情怀,班超"投笔从戎""立功绝域"的追求,脍炙人口,广为流传,熔铸为中华优秀传统文化的组成部分。

查阅相关资料,进一步了解这些历史人物的事迹,感悟他们的家国情怀。

图6　《中外历史纲要(上)》第4课"学习拓展"栏目

"家国情怀是学习和探究历史应具有的人文追求,体现了对国家富强、人民幸福的情感,以及对国家的高度认同感、归属感、责任感和使命感。"[1] 上述学习任务旨在通过这一系列历史人物的事迹,引发学生内心的共鸣,使学生真正体悟家国情怀的内涵,进而培育他们的家国情怀。

---

① 中华人民共和国教育部. 普通高中历史课程标准(2017年版2020年修订)[M]. 北京:人民教育出版社,2020:5.

二、"探究与拓展"栏目在思政教学中的应用策略

《中外历史纲要（上）》中每课的最后都设置了"探究与拓展"栏目，这为教师的教学提供了丰富的课程思政教学资源，但教师在备课过程中，对该栏目的态度应是：不能不用或滥用。目前，"探究与拓展"栏目在课堂教学中存在两种不好的现象：第一，教师对栏目的忽视。即在课堂上一笔带过，或是仅仅把该部分当作课后作业来布置，或是干脆不用，白白浪费了栏目的功能。第二，教师对栏目的滥用。即在课堂上使用该栏目的全部内容，不考虑栏目材料是否符合正文逻辑、是否与教学目标相符、是否与学生的知识能力相匹配，没有处理好与课文正文内容的主次性问题，造成了栏目使用价值的大打折扣。

（一）分析学情，精准结合

教育学家维果茨基提出了学生的"最近发展区"理论。他主张教学要着眼于学生的"最近发展区"，即要提供有难度的教学内容以发掘学生学习潜力，但是这种难度又不能超过学生的知识能力范围。《中学历史教学法》（第4版）中提到了量力性原则，即可接受原则，它的意思是指教师在课堂上所讲知识的难易程度要与学生的知识、能力水平相匹配。① 教师在应用"探究与拓展"栏目时要考虑学生已有的知识储备、能力水平和理解程度等因素，再选择适合学生水平的栏目内容。若是在栏目使用过程中忽视了对学情的分析，将难度过大的内容盲目应用在教学中，则会导致学生力不从心、负担过重等现象出现。因此，教师在应用"探究与拓展"栏目时要注意使栏目与学生的能力相匹配，既不能过于简单，否则不利于学生知识水平的提升；也不能难度过高，否则不利于激起学生的求知欲和对知识的理解掌握。要保证栏目的内容可以被大多数学生所理解，符合班级整体学生的实际能力水平。

同时，良好的中学历史课程思政教育应该是与"探究与拓展"栏目的

---

① 于友西，赵亚夫. 中学历史教学法（第4版）　[M]. 北京：高等教育出版社，2017：80.

知识精准结合，而不是生搬硬套地强行灌输给学生。"好的思想政治工作应该像盐，但不能光吃盐，最好的方式是将盐溶解在各种食物中自然而然吸收。"① 在"探究与拓展"栏目中蕴含着丰富的、隐性的课程思政资源，需要教师进一步去挖掘。例如法治教育，法治教育以增强受教者的法治素养、养成法治意识为目的，培养法治精神、涵养法治素养离不开法治知识内容的学习，教师可以从"探究与拓展"栏目中找到涵盖法治教育这一课程思政理念的内容，做到与历史教材对应的知识点相结合。

例如，《中外历史纲要（上）》第19课《辛亥革命》的"学习拓展"部分，如图7所示：

⊙ **学习拓展**

　　查找相关资料，说明《中华民国临时约法》是中国法制史上的里程碑。

图7　《中外历史纲要（上）》第19课"学习拓展"栏目

该部分要求学生查找相关资料，说明《中华民国临时约法》是中国法制史上的里程碑。教师应该首先对学生的知识能力水平与认知心理发展水平进行分析，再决定是否选用该栏目，原因是如果盲目选用该栏目而不加以指导，很可能会造成学生的困惑和不解，只有让栏目的内容被学生所理解、栏目的难度与学生的知识能力水平相匹配，才能使栏目发挥出最大的价值。

若学情条件符合，确定选用该栏目，教师则应该引导学生阅读《中华民国临时约法》的相关研究成果，例如，陈旭麓先生的《"揖美追欧，旧邦新造"——辛亥革命与王朝时代的终结》一文中指出："南京临时政府的成立以及《中华民国临时约法》的颁布，可以说是'揖美追欧'的结果，也是五四以前80年先进的中国人经过几代人的奋斗而取得的最富深远意义的结果，是中国近代民主政治实践的一块里程碑。"② 通过查阅相关资

---

① 曾金花. 世界史课程思政的开发与探寻路径 [J]. 教育现代化，2019，6（89）：209－210.

② 陈旭麓. "揖美追欧，旧邦新造"——辛亥革命与王朝时代的终结 [J]. 上海社会科学院学术季刊，1991（1）：142－151.

料并结合所学知识，学生可知这是中国历史上第一次以法律形式宣布国家主权属于人民，是历史的进步。再由历史反观现实，教师可以引导学生认识中国国家治理体系发展的阶段性和历史价值，使其形成正确的法治观，从而培养助推社会主义法治国家建设的合格人才。

（二）活用教学方法，增强教学效果

很多学生对于历史课的刻板印象就是无聊、枯燥。这种刻板印象会使学生对历史课产生排斥的心理，这样就可能导致学生听课时难以集中注意力，甚至不愿意上历史课。教师对学生进行教育教学活动，一定要讲究方式方法。历史教学最主要的教学方法是讲授法，同样的内容不同的教师讲会有不同的效果。教师想要上一节生动形象的历史课，最重要的就是不能照本宣科，而要在讲述中带有感情，要具有深厚的感染力。历史教学要与课程思政融为一体，必须灵活运用教学方法。良好的历史课堂不仅教师要讲，也要让学生讲，例如，可以让学生针对某个著名历史人物进行评述。这就要求学生课前要搜集和整理资料、组织语言，有自己的观点和感悟，这非常考验学生的资料搜集能力、口头表达能力和合作交流能力。当中，最重要的是在引导学生对历史人物的评述过程中渗透课程思政理念。

例如，《中外历史纲要（上）》第4课《西汉与东汉——统一多民族封建国家的巩固》的"学习拓展"部分，如图8所示：

⟳ 学习拓展

两汉人民创造了灿烂的历史与文化，其中许多杰出人物的昂扬进取、不屈不挠的斗志，给后世留下了宝贵的精神财富。司马迁"究天人之际，通古今之变，成一家之言"的志向，霍去病"匈奴未灭，无以家为"的壮志，张骞"凿空"的勇气，苏武绝不"屈节辱命"的精神，马援"马革裹尸"的情怀，班超"投笔从戎""立功绝域"的追求，脍炙人口，广为流传，熔铸为中华优秀传统文化的组成部分。

查阅相关资料，进一步了解这些历史人物的事迹，感悟他们的家国情怀。

图8 《中外历史纲要（上）》第4课"学习拓展"栏目

教师在布置该栏目学习任务时，应指导学生查阅相关资料，使学生加深对这些杰出历史人物品格的理解。在学生对相关历史人物进行评述后，教师应及时地开展基于家国情怀的爱国主义教育，涵养学生的家国情怀素养，增强学生的爱国意识和民族意识，把学生培养成心怀家国的人。

三、结语

本文根据对《中外历史纲要（上）》中"探究与拓展"栏目构成的分析，通过结合具体的片段教学案例，最后得出栏目的相关应用策略。在实际的历史教学过程中，应用该栏目分为两个步骤：第一步是分析学情，精准结合。栏目的选取应注重学情分析，教师应选择"探究与拓展"栏目中与思政教育精准结合的内容来开展教学。第二步是活用教学方法，增强教学效果。课堂上，不只是教师要讲，也要让学生来讲。例如，通过让学生针对某个著名历史人物进行评述，在引导学生对历史人物的评述过程中渗透课程思政的理念。历史教师应该充分挖掘和利用好"探究与拓展"栏目中蕴含的课程思政资源，做到在教学中融合课程思政的内容，使学生的思想和价值观受到鼓舞，从而树立努力学习报效国家的理想，最终实现立德树人的根本任务。

广西历史人物在高中历史思政课中的开发与应用

——以广西明清历史人物为例

方云菲*

历史的学科特点和思政课有着互相融合、协同发展的优势。在高中历史中，加强思政教育和国情教育是历史学科教学的任务之一。在教学过程中，结合家国情怀的教育素材，挖掘地方历史人物资源并融入思政教育，能有效激发学生的学习兴趣，促使学生积淀人文情怀，增强社会责任感和国家认同感，进而充分发挥历史课堂立德树人的思政教育功能，最终实现历史学科课程与思政课同向同行的目的。广西蕴含丰富的地方历史人物资源，挖掘其课程资源价值，融入高中历史教学，开展思政教育，有利于优化历史教育手段。本文以广西明清历史人物为例，进一步探讨如何实现广西历史人物在高中历史思政课堂中的开发和应用。

一、精选广西明清历史人物史料，丰富思政内容

史料是历史研究的基础和学习历史知识的重要素材，也是思政课堂实践教学的重要方法。《普通高中历史课程标准（2017 年版）》中提到："对获取的史料进行辨析，并运用可信的史料努力重现历史真实的态度与方法。"①因此，教师可通过精选广西明清历史人物史料创设出来的教育情境，

---

* 方云菲，广西民族大学民族学与社会学学院2021级学科教学（历史）专业硕士研究生。

① 中华人民共和国教育部. 普通高中历史课程标准（2017 年版）［M］. 北京：人民教育出版社，2018：5.

引导学生从历史发展和思政教育的角度理解并认同中华优秀传统文化和社会主义核心价值观，认识并弘扬以爱国主义为核心的民族精神。这样，不仅能够丰富历史思政课堂，还可以起到良好的思政教育效果。

例如《中外历史纲要（上）》第13课《从明朝建立到清军入关》中，教师在讲述明朝政治制度的变化时，选取明中期内阁首辅蒋冕的政治行为作为主体渗入家国情怀，丰富课程思政。教师可向学生介绍蒋冕，"蒋冕历仕四朝，官至内阁大学士和首辅，是古代广西人物中官职最高者，他对明朝正德年间和嘉靖初年的政治曾产生了重要的影响，堪称一代名臣"。① 由此过渡到蒋冕为什么能官至内阁大学士和首辅呢？他在职期间对于社稷安定起了哪些作用呢？进而向学生展示史书对蒋冕的评价，例如《明史》评价蒋冕"当正德之季，主昏政乱，持正不挠，有匡弼功"②，"清谨有器识，雅负时望"③，"其入内阁，值上多出巡幸，留连塞外不肯还京师。冕与杨廷和、梁储、毛纪疏请前后以十数，皆不听。冕乃自为疏上之，其言尤危切，上不之省，亦弗罪也"④ 等史料，引导学生思辨阅读，帮助学生理解蒋冕之所以能够历仕四朝，官至内阁，是以其操行廉洁、品格清正、行事稳重等品质而备受青睐。"面对武宗的倒行逆施，蒋冕多次直言进谏，力挽狂澜；面对阉党的纵横肆虐，正色立朝，匡救弊政；担任内阁首辅时，又反对织造，拒绝草敕。"⑤ 但他仍勤于政事，忠于职守。可见，从蒋冕身上折射出来的强烈社会责任感对于增强学生的中华民族自豪感和民族凝聚力是有积极意义的。

又如，在讲述《中外历史纲要（上）》第16课《两次鸦片战争》的鸦片危害时，可引入广西禁烟的历史人物所写的诗文。其设计思路：我们都知道广东是鸦片战争的主战区，广西与广东毗邻，直接或间接受到侵略

---

① 朱声敏. 论蒋冕的历史政治地位 [J]. 桂林师范高等专科学校学报，2012，26（3）：58 - 61.

② （清）张廷玉. 明史·卷一百九十·蒋冕传 [M]. 北京：中华书局，1974：5044.

③ （清）张廷玉. 明史·卷一百九十·蒋冕传 [M]. 北京：中华书局，1974：5044.

④ （明）王世贞. 文渊阁四库全书本·四百五十二册·嘉靖以来首辅传 [M]. 台北：台湾商务印书馆，[1982]：342.

⑤ 朱声敏. 论蒋冕的历史政治地位 [J]. 桂林师范高等专科学校学报，2012，26（3）：58 - 61.

的震动也是比较大的。鸦片战争也引起了广西许多封建士大夫的密切关注，广西的朱琦就表现得较为突出，写了不少诗文，力主以严刑峻法禁止鸦片，进而向学生展示诗文："鸦片入中国，尔来百余载。粤人竞啖吸，流毒被远迩。通参轸民害，谠言进封匦。吏议为条目，罪以大辟拟，杀人亦生道，重典岂得已。"① 通过让学生朗读诗文并讲解鸦片战争产生的具体历史背景、起因、经过、影响以及教训，结合课程谈想法。教师可对学生未讲清楚的历史背景进行补充，并挖掘其中的思政育人素材，加深学生对于鸦片战争的认识，还可以让学生深入理解中国遭受列强侵略的屈辱和灾难，看到了中华民族不甘沉沦的抗争与奋斗，以警示学生勿忘国耻、居安思危，进而以史为鉴，启迪当下。只有立足于新时代社会发展的现实，顺应时代的发展潮流，才能更好地实现可持续发展。

由此可见，基于教学目标要求和教学内容精选广西明清历史人物史料作为历史思政课堂的教育资源，可以丰富历史教学和课程思想内容。同时，通过教师的有效引导、学生的积极参与、教学中的分析讲解，能够产生良好的教学效果，为学生提供了一种新的视野和新的情感教育情境，更能触动学生思维。

二、揭示广西明清历史人物个性特征，渗入思政教育

榜样资源是课堂教学的素材支持，教师在进行思政教育渗透时，可从广西明清历史人物的个性特征方面入手，发挥其优良品德和精神面貌，使学生能够潜移默化地受到本土历史人物精神品质的熏陶，升华学生的思想，树立榜样力量。

在学习从明朝建立到清军入关的沿海形势这一知识点时，可采用瓦氏夫人身上的榜样资源。其设计思路：据清嘉庆年间修的《广西通志》记载，明中期海防松弛，日寇海盗侵略中国沿海地区。广西涌现了许多抗倭英雄，其中，瓦氏夫人是较为出名的抗倭英雄女性人物。她参加抗倭大小战争十余次，战功卓越。嘉靖三十二年（1553），瓦氏夫人花甲出征，誓

---

① 钟文典. 广西通史：第二卷 [M]. 南宁：广西人民出版社，1999：50.

破寇贼，"带领土司军队赶赴沿海抗击日寇海盗"①。她不仅骁勇善战，且治军有方。她要求部下做到：一不许骚扰百姓，欺压人民；二不许奸淫掳掠；三不许马踏禾田；四不许违犯军纪。由于瓦氏夫人治军严明，注意改善军民关系，并关心部属生活，她的部队士气高昂，战斗力强。② 除了这"四不许"，还制定了严厉的战场纪律。由于有了这"四不许"和"六斩"，俍兵在瓦氏夫人的率领下士气高昂，人人踊跃争先，所向披靡，连连告捷。尽管瓦氏夫人在家族遭遇重大变故的情况下应征出战，有其历史被动性，但其"誓不与贼俱生"的誓言和在战场上的英勇表现，更彰显了历史担当。正是受"大一统"思想在内的中华优秀传统文化的影响，她能从抵御外侮、维护国家和民族利益的高度作出抗倭的决定。瓦氏夫人充分体现了广西各族人民抵御外敌入侵的爱国热情和英雄气概，是我国历史上少数民族出身的不可多得的巾帼英雄，其爱国精神是永远值得我们怀念的。由此可见，深入挖掘瓦氏夫人的个性特征，进而引导学生学习临危不惧、巾帼不让须眉的高尚品质，充分发挥历史人物的榜样作用，从中渗透思政教育，有助于弘扬伟大民族精神，构筑中华民族共有精神家园。

又如，教师在讲解挽救民族危亡的斗争的公车上书时，可以适当借用广西举人上书题名的故事。其设计思路：康有为领导的公车上书是近代中国知识分子爱国忧民的大请愿，那同学们知道在现存的"公车上书题名"中，当时的广西举人占据多少比例吗？李鸿章割地赔款的消息传到北京后，康有为鼓动各省士绅上折拒和，广西在京参加会试的举人联名上书，反对议和。"在现存的公车上书题名中，吉林只余一人，江西留下两人，湖北也只有四人。最多的是广西，共九十九名，其次才是贵州，共九十五人。这种历史现象，不免令人感到意外。广西、贵州素称文化落后之区，那入京参加会试者自亦更少。"③ 可见，在公车上书的政治大请愿中，广西举人表现出了敢于争取和与时俱进的个性特征，反映了广西举人在国难当头的关键时刻，无所畏惧地投身群众性爱国运动当中。

由此可见，在历史教学中适当揭示广西明清历史人物个性特征，描述

---

① （清）谢启昆. 广西通志·卷二百七十三列传第十八"指挥同知岑猛瓦氏条"[M]. 南宁：广西人民出版社，1988：6763.
② 钟文典. 广西通史：第一卷 [M]. 南宁：广西人民出版社，1999：374.
③ 钟文典. 广西通史：第二卷 [M]. 南宁：广西人民出版社，1999：394.

其精神品质，深入挖掘并渗透思政教育元素，可以直观地再现历史人物形象。这样才能更好地引导学生学习和感悟历史人物身上所展现的精神品质，与其产生思想情感的共鸣。

三、感悟广西明清历史人物事迹，提升育人效果

人物事迹是课堂的鲜活教材，也是提升历史思政课时效性的关键。如何运用历史人物事迹辅助课堂教学，实现良好的思政教育效果？教师须在课前根据教学内容进行充分准备，坚持选材最恰当最适度原则，选用最具代表性的素材进行适当讲解。教师也可推荐学生通过观看广西明清历史人物相关的纪录片、书籍或诗文等感悟事迹；还可把相关任务布置给学生，要求学生课前搜集资料，为课堂教学做好准备，在潜移默化中渗透思政元素，提升育人效果。

如在讲述国家出路的探索与列强侵略加剧的边疆危机时，对冯子材如何取得镇南关大捷进行补充。在镇南关战役中，冯子材采取"先固守，后出击"、近战歼敌等掌握战场主动权的战术，从宏观战略上保证了镇南关战役的胜利。"在凭祥至镇南关的峡谷中，有地形险要易守难攻的'关前隘'及'横坡岭'，命令各军在此处修建长墙及地堡，以抵御法军强烈炮火。"[①] 经过奋勇冲杀，才使得"法军四面被围，狼奔豕突，争相逃命"[②]。冯子材维护祖国领土完整、抵抗外来侵略的英雄事迹体现出了伟大的爱国主义精神，他身上所表现出的英雄气概永远值得我们敬仰。

又或者，在讲到1895年5—10月台湾义勇军与以刘永福为首的留台清军一起展开了反抗日军占领的武装斗争时，为学生补充刘永福反抗日军的事迹。其设计思路：刘永福率领黑旗军在台湾抗日保卫战中浴血奋战。其中以1895年底的"嘉义保卫战"最为突出。"刘永福在嘉义县遭日军攻击后，指挥黑旗军七星队前往增援，命令部将杨泗洪率黑旗军各营及台湾抗日民兵给予配合。到嘉义县后，在城外兵营中埋设大量地雷引诱日军进入雷区，歼灭七百多人。此后，又运用伏击与巷战，重创日军。在黑旗军与

---

① 赵尔巽. 清史稿·卷四百五十九·冯子材传 [M]. 北京：中华书局，1977：5345.
② 钟文典. 广西通史：第二卷 [M]. 南宁：广西人民出版社，1999：312.

台湾各路抗日民军的互相配合下，此役获大胜。"① 引导学生从刘永福带领台湾军民与日本侵略者奋战到底的事迹中感悟其抗击外来侵略、抵御外侮的爱国主义精神。不管是冯子材还是刘永福，他们在危急中始终怀着爱国信念，始终维护民族尊严，以可歌可泣的英雄事迹诠释了中华民族千百年来不屈不挠的民族精神。

由此可见，将广西明清历史人物事迹有机地嵌入教学中，创设有效的教学情境，拉进学生与历史人物的距离，深度走进其事迹和精神世界，既可以培养学生的家国情怀素养，还可以合理运用思政素材，切实增强历史人物事迹育人效果。

综上所述，历史课堂也有丰富的思政教育资源，担负着思政教育的重要任务。在高中历史课程基础上开发和利用新的思政元素融入历史教学，推进课程思政教学模式，创新历史思政课程的实践途径，能够更好地落实立德树人的根本任务。因此，教师应积极挖掘和有效利用地方历史人物作为课程资源融入高中历史教学，开展思政教育，充分发挥广西历史人物这一教学素材的教育价值和思政功能。

---

① 连横. 台湾通史·卷四·独立纪 [M]. 北京：生活·读书·新知三联书店，2011：
77 - 78.

课程思政视域下的中学历史校本课程开发

——以南流江流域红色历史文化资源开发为例

黄晶晶　　宁珍凤　　何少柔[*]

红色历史文化资源是中国共产党波澜壮阔的革命史、艰苦卓绝的奋斗史、可歌可泣的英雄史的见证，其内含的"红色基因"是中华人民共和国的"遗传密码"，存储着中国革命胜利的重要信息，贯穿着党的精神谱系的文化精髓，沉淀着中华民族深层次的精神追求。2021 年庆祝中国共产党成立 100 周年大会上，习近平总书记指出："要继续弘扬光荣传统、赓续红色血脉，永远把伟大建党精神继承下去、发扬光大。"中学历史课程可以充分将红色历史文化资源融入课程思政。2022 年 11 月，教育部《关于进一步加强新时代中小学思政课建设的意见》指出："紧密联系中小学实际，深化中小学思政课改革创新，切实加强思政课教师队伍建设，统筹用好各类教育资源，大力提升思政课育人质量，教育引导广大中小学生扣好人生第一粒扣子，从小听党话、永远跟党走，着力培养担当民族复兴大任的时代新人。"[①]

南流江流域是广西独流入海的大河，自北向南流经玉林市福绵区、玉林市博白县、钦州市浦北县、北海市合浦县，区域广大。在中国共产党党

---

[*] 黄晶晶，广西民族师范学院附属第二中学初中历史教师；宁珍凤，南宁沛鸿民族中学教育集团初中历史教师；何少柔，钦州市第四中学高中历史教师。

[①] 中华人民共和国教育部. 关于进一步加强新时代中小学思政课建设的意见［EB/OL］.（2022－11－08）. http://www.moe.gov.cn/srcsite/A06/s3325/202211/t20221110_983146. html.

史上，南流江流域是重要的红色基地，拥有丰富的红色历史文化资源，例如：玉林市的中共广西特委机关旧址、桂东南抗日武装起义纪念馆、博白县革命烈士纪念馆、朱锡昂故居、锡昂亭；北海市合浦县的西场革命老区武装斗争史迹纪念馆、南山革命老区；钦州市浦北县大成镇的柑子根红色教育基地等。有效地将这些地方红色历史文化资源融入中学历史课程，是落实新时代中小学思政课建设的有效路径。

一、南流江流域红色历史文化资源的分布情况

党的十八届六中全会指出，坚定对中国特色社会主义的道路自信、理论自信、制度自信、文化自信。红色文化根植于中国共产党领导全国人民追求国家独立、民族富强、民族复兴的过程，是最具中国特色的先进文化代表。在中国共产党发展历史上，南流江流域在革命战争年代形成了众多的红色文化。南流江流域主要的红色历史文化资源：桂东南抗日武装起义革命烈士纪念塔，中共广西特委机关旧址，李明瑞俞作豫烈士纪念馆，朱锡昂革命烈士纪念馆，朱锡昂故居，西场革命老区武装斗争史迹纪念馆等。

南流江流域红色历史文化内容丰富，底蕴深厚，值得挖掘、学习，是中学历史课程将地方文化融入课程思政的有效资源。根据前期调查与实地调查，将南流江流域分布的红色历史文化作大致分类，如表 1 所示：

表 1　南流江流域红色历史文化资源的种类①

红色历史文化资源类型	具体形态	南流江流域红色历史文化资源对应类型
红色旧居旧址类	不可移动的革命历史遗迹，各式各样的建筑或建筑群	玉林市的中共广西特委机关旧址、朱锡昂故居、王力故居、南山革命老区

---

① 此表中红色历史文化资源类型和具体形态划分方法引自：文静. 陇东南红色文化资源融入高中历史教学路径研究［D］．天水：天水师范学院，2021.

（续上表）

红色历史文化 资源类型	具体形态	南流江流域红色历史 文化资源对应类型
红色器物类	革命战争年代与重大人物活动有关的各种用品	藏于玉林市博物馆、博白县博物馆、浦北县博物馆、合浦县博物馆
红色文献类	以信息形态存在的记录革命历程和人物活动的书面材料和影像资料	藏于玉林市博物馆、博白县博物馆、浦北县博物馆、合浦县博物馆
红色文学艺术类	革命战争年代人们所创的文学艺术作品	藏于玉林市博物馆、博白县博物馆、浦北县博物馆、合浦县博物馆
红色纪念建筑类	为纪念重大事件和缅怀英烈而建的各类建筑	桂东南抗日武装起义革命烈士纪念塔，李明瑞俞作豫烈士纪念馆，朱锡昂亭，朱锡昂雕像及朱锡昂革命烈士纪念馆，西场革命老区武装斗争史迹纪念馆
红色意识形态类	中国共产党人在革命战争年代形成的意识形态	—

通过表1可以看到，南流江流域红色历史文化资源在红色旧居旧址、红色器物、红色文献、红色文学艺术、红色纪念建筑上均有相对应的红色文化。将这些红色文化作为中学历史课程的思政内容，一方面可以培养学生的家国情怀，另一方面也可以加强学生对家乡红色文化的认同感与自豪感。

二、课程思政视域下南流江流域红色历史文化资源在中学历史教学中的运用现状调查

课程思政是落实立德树人根本任务的关键课程。为了充分了解南流江流域红色历史文化资源在中学历史教学中的运用情况，本课题组在南流江流域内展开调研，调查对象为该区域内的部分中学生。问卷调查采用线上和线下相结合的方式，一共发放问卷176份，收集电子问卷和纸质问卷176份，问卷回收率100%，问卷有效率100%。本次的调查能够在一定程度上反映南流江流域红色历史文化资源在中学历史教学中的运用情况。

（一）南流江流域红色历史文化资源在中学历史教学中的运用现状调查

《南流江流域红色历史文化资源开发现状调查问卷》共有12道题，其中单选题7道、多选题5道。本次调查问卷主要从四个维度进行统计分析：①学生对南流江流域红色历史文化资源的了解情况和了解途径。②学校与教师对南流江流域红色历史文化资源的开发程度。③学生对南流江流域红色历史文化资源的喜爱程度。④南流江流域红色历史文化资源运用于课程思政的意义。以下是对问卷的统计与具体分析。

1. 学生对南流江流域红色历史文化资源的了解情况和了解途径

第1题：你对南流江流域红色历史文化资源了解吗？（单选题）

选项	人数	比例
A. 比较了解	10	5.7%
B. 有一点了解	132	75.0%
C. 不了解	34	19.3%

调查结果显示，接受调查的学生当中有5.7%对南流江流域红色历史文化资源是比较了解的，75.0%的学生对南流江流域红色历史文化资源有一点了解，19.3%的学生对南流江流域红色历史文化资源根本不了解。可见大部分学生都对南流江流域红色历史文化资源有一定程度的了解，少数学生对南流江流域红色历史文化资源并不了解。

第2题：你一般通过什么途径了解南流江流域红色历史文化资源？（多选题）

选项	人数	比例
A. 旅游参观（博物馆、纪念馆等）	65	36.9%
B. 教师讲授	117	66.5%
C. 与同学、朋友交流	74	42%
D. 网络	155	88.1%
E. 广播	3	1.7%
F. 报纸	7	4.0%

调查结果显示，大多数学生是通过课堂上教师的讲授及浏览网络来了

解红色历史文化资源的；也有部分学生是通过参观当地的博物馆、纪念馆，以及与同学朋友之间的交流来了解红色历史文化资源的；少数同学则是通过广播、报纸的方式。可见，对于南流江流域红色历史文化资源，学生获取相关信息的途径还是以网络和教师讲述为主。

第3题：你知道南流江流域哪些红色历史文化资源？（多选题）

选项	人数	比例
A. 桂东南抗日武装起义革命烈士纪念塔	115	65.3%
B. 玉林市博物馆	132	75.0%
C. 博白县博物馆	115	65.3%
D. 浦北县博物馆	88	50.0%
E. 柑子根红色教育基地	44	25.0%
F. 博白革命烈士纪念馆	73	41.5%
G. 李明瑞俞作豫烈士纪念馆	44	25.0%
H. 其他	25	14.2%

第3题中所列是南流江流域几个重要的红色教育基地。调查结果显示，学生知道的南流江流域红色历史文化资源所占比例分别为：桂东南抗日武装起义革命烈士纪念塔65.3%，玉林市博物馆75.0%，博白县博物馆65.3%，浦北县博物馆50.0%，柑子根红色教育基地25.0%，博白革命烈士纪念馆41.5%，李明瑞俞作豫烈士纪念馆25.0%，其他14.2%。可见，学生对南流江流域内一些主要的红色资源还是有一定了解的。

2. 学校与教师对南流江流域红色历史文化资源的开发程度

第4题：历史老师会在课堂上将南流江流域红色历史文化资源结合课程内容进行授课吗？（单选题）

选项	人数	比例
A. 经常会	8	4.5%
B. 会	31	17.6%
C. 偶尔	33	18.8%
D. 较少	104	59.1%

结果显示：选项"经常会""会""偶尔"和"较少"的学生分别占4.5%、17.6%、18.8%和59.1%。由此可知，历史教师会注意将南流江

流域红色历史文化资源与课堂教学相结合，但是结合南流江流域红色历史文化资源进行授课的还是较少。结合学生了解南流江流域红色历史文化资源的途径来看，课堂教学是学生了解南流江流域红色历史文化资源的重要方式，因此历史教师还需要提高将南流江流域红色历史文化资源融入历史教学中的意识。

第5题：在课堂上，历史教师一般采取什么方式将南流江流域红色历史文化资源带入历史课堂？（多选题）

选项	人数	比例
A. 教师讲述	130	73.9%
B. 通过多媒体展示图片、播放视频等内容	149	84.7%
C. 进行探究式学习	17	9.7%

从第5题的数据可以看出：历史教师通常选择讲述法和多媒体展示的方式将南流江流域红色历史文化资源带入历史课堂教学中，帮助学生了解南流江流域红色历史文化资源，选择探究式学习的方式只占9.7%。相对于探究式学习而言，通过讲述和多媒体课件进行展示，有利于教师把握课堂教学。这与教师的教学理念、教学习惯、教学能力、课堂教学任务等诸多因素相关。心理学研究认为"人的情感体验往往是由具体的情境所决定的"①，好的情境对学生的学习具有巨大的感染力、感召力。教师结合多媒体课件创设历史情境进行课堂讲授，相对于探究式学习而言，更有利于教师开展直观性教学。心理学研究表明，外界事物对人的情感活动起到的刺激作用更强，让学生成为学习体验的中心，进一步促进学生对南流江流域红色历史文化资源的认识，从而落实立德树人的教育宗旨。但部分历史教师的教学方式比较单一，这也与授课教师的教学理念、教学习惯、教学能力、课堂教学任务等诸多因素有关。因此，历史教师若要充分发挥南流江流域红色历史文化资源在历史教学中的作用，还需要在更新教学理念、提高教学能力等方面下功夫。

---

① 张玉彬. 师生共同成长的生命场：课堂教与学方式优化研究［M］. 重庆：西南师范大学出版社，2020：66.

第6题：除了在课堂上，历史教师或者学校还采取了哪些方式帮助你们了解南流江流域红色历史？（多选题）

选项	人数	比例
A. 举办相关的知识竞赛	74	42.0%
B. 参观革命遗址遗迹、纪念馆等	158	89.8%
C. 做有关的手工校报、黑板报	97	55.1%
D. 开设特色课程进行学习	15	8.5%

第6题调查结果显示，除了课堂教学外，学校还组织了一些其他的学习方式帮助学生了解南流江流域红色历史，其中参观革命遗址遗迹、纪念馆等（占89.8%）是最受欢迎的一种学习方式，其次是做有关的手工校报、黑板报（占55.1%），接着是举办相关的知识竞赛（占42.0%），最后是开设特色课程进行学习（占8.5%）。数据表明，部分学校很重视南流江流域红色历史文化资源的教育作用，但专门性课程的开设略显不足。因此，可以针对南流江流域红色历史文化资源开设特色课程，以帮助学生系统认识南流江流域红色历史文化，提高学生对乡土历史资源的了解，增强其对家乡文化的自豪感。

3. 学生对南流江流域红色历史文化资源的喜爱程度

第7题：您对历史老师在课堂上选取的南流江流域红色历史文化资源感兴趣吗？（单选题）

选项	人数	比例
A. 非常感兴趣	38	21.6%
B. 还可以	133	75.6%
C. 不感兴趣	5	2.8%

第7题调查结果显示，学生中选择"非常感兴趣"的占21.6%，选择"还可以"的占75.6%，选择"不感兴趣"的占2.8%。由此可知，大部分学生还能够接受，并且也比较喜欢历史教师结合当地的红色历史文化资源进行授课。因此，历史教师可以适当运用乡土历史资源整合历史课堂教学，涵养学生的家国情怀素养，以达到落实课程思政的要求。

第8题：如果你们学校组织参观南流江流域的博物馆、纪念馆、历史遗迹遗址等历史实践活动，你是否愿意参加？（单选题）

选项	人数	比例
A．很感兴趣	80	45.5%
B．愿意	84	47.7%
C．不愿意	4	2.3%
D．无所谓	8	4.5%

调查发现，表示"很感兴趣"的学生占45.5%，表示"愿意"的学生占47.7%，表示"不愿意"和"无所谓"的分别占2.3%和4.5%。这说明大部分学生对于参观博物馆、纪念馆、历史遗迹遗址等持积极的态度，也比较喜欢以这种方式去学习历史。

第9题：学习南流江流域红色历史，参观博物馆、纪念馆、历史遗迹遗址等实践活动，能提升你学习历史的兴趣吗？（单选题）

选项	人数	比例
A．能	159	90.3%
B．不能	17	9.7%

调查结果显示：90.3%的学生指出学习南流江流域红色历史知识，通过参观博物馆、纪念馆等方式，是可以提升自己学习历史的兴趣的；只有9.7%的学生认为参观博物馆、纪念馆、历史遗迹遗址等实践活动不能提升自己的学习兴趣。由此可知，学校可以根据教学目标安排适量的博物馆、纪念馆参观学习活动，通过一些具体的实践性学习弥补课堂学习的不足，以提升学生学习历史的兴趣。

4. 南流江流域红色历史文化资源运用于历史教学的意义

第10题：你认为老师在教学中运用南流江流域红色历史文化资源对你的学习有帮助吗？（单选题）

选项	人数	比例
A．非常有帮助	63	35.8%
B．比较有帮助	107	60.8%
C．很少有帮助	6	3.4%

第10题的调查结果显示，对于教学中把南流江流域红色历史文化资源融入教学是否对学习有帮助，认为"非常有帮助"的占35.8%，"比较有帮助"的占60.8%，"很少有帮助"的占3.4%。从中可知，学生对课堂中融入南流江流域红色历史文化资源对自己学习历史是有一定帮助的。

第11题：学习南流江流域红色历史，参观博物馆、纪念馆、历史遗址遗迹等实践活动对你有何帮助？（多选题）

选项	人数	比例
A. 了解、认识家乡，热爱家乡	143	81.3%
B. 提升对历史科目的学习兴趣，提升学习效率	118	67.0%
C. 无任何帮助	4	2.3%

第11题的调查结果显示，大多数学生认为，学习南流江流域红色历史，参加学校组织的一些关于南流江流域红色历史的活动，可以在一定程度上帮助自己了解、认识家乡，热爱家乡，同时提升学习历史的兴趣，提高自己的学习效率。

第12题：你认为了解南流江流域红色历史对你的生活影响大不大？（单选题）

选项	人数	比例
A. 影响很大	44	25.0%
B. 影响较大	70	39.8%
C. 有点影响	59	33.5%
D. 影响不大	3	1.7%

第12题的调查结果显示，对于了解、学习南流江流域红色历史对生活的影响上，选择"影响很大""影响较大""有点影响""影响不大"的分别为25.0%、39.8%、33.5%、1.7%。由此可知，大多数学生认为学习南流江流域红色历史或多或少对自己的生活是有一定影响的，只有少数认为影响较轻。

（二）南流江流域红色历史文化资源用于中学历史教学存在的问题

结合当前的教育背景和调研情况可知：第一，南流江流域的学校和教师在把当地的红色历史文化资源作为课程思政的内容融入中学历史课堂作了一定的努力和尝试，也收获了一定的成果。第二，学校和老师对于开发和运用南流江流域红色历史文化资源是持支持态度的，除了课堂讲授的穿插运用，也开展了一些关于南流江流域红色历史文化资源的实地参观、黑板报制作等活动。第三，从学生的学习层面来看，大部分学生对于用南流江流域红色历史文化资源融入课堂学习持"感兴趣""愿意"的积极态度，并认为学习南流江流域红色历史可以帮助自己提升学习历史的兴趣，同时利于提高学习效率。但据调查数据显示，南流江流域红色历史文化资源在运用于中学历史教学中目前还存在两个主要问题：

1. 部分学生对于南流江流域红色历史文化资源的系统性认识不足

上述调查问卷第1题的调查数据显示，学生对于南流江流域红色历史文化资源的认识情况更多的是"有一点了解"，其次是"不了解"，"比较了解"的仅占极小部分。问卷第3题是对南流江流域的一些重要的教育基地的汇总，从学生对这些罗列出来的红色教育基地的了解程度来看，部分教育基地只有少数（四分之一）学生有所了解。由此可知，部分学生对于南流江流域到底包括哪些红色历史文化资源其实并不太清楚，也就是说他们对此认识是不够全面的。

学生对南流江流域红色历史文化资源认识不足的因素，结合当前的教育背景和调研情况，本课题组认为主要有三点：一是当前对乡土历史资源的开发利用还处于完善的环节。虽然有部分学校结合当地的乡土历史开发了校本课程，但其实还处于摸索和完善阶段。二是受学业压力的影响，中学阶段的学习压力较大，科目多且课时安排紧凑，学生的学习任务是比较繁重的。学校在提倡"德智体美劳"全面发展的同时，学生由于学业、升学等这些现实条件的影响，大多数的学习时间、精力都集中于学校、局限于学校。三是结合笔者的调研发现，有些红色教育基地并不在城市、县城这些交通便利的地区，而是在镇上或者是农村地区，比如柑子根红色教育基地位于钦州市浦北县的柑子根村，所以知道它的人较少。因此，这些因素或多或少对于学生了解、认识南流江流域红色历史有一定的影响。

2. 部分历史教师对南流江流域红色历史文化资源的运用意识不足

从上述问卷的统计分析可以看到，部分历史教师对于南流江流域红色历史文化资源的开发和运用意识稍显不足，主要表现在两个方面：其一，仍有部分历史老师较少运用南流江流域红色历史文化资源结合课堂教学进行思政授课，未能将南流江流域红色历史文化资源在一定程度上融入历史课堂思政教学（见第 4 题）。其二，从教学方式来看，部分历史教师运用南流江流域红色历史文化资源进行教学的方式较单一。这主要体现在两点：一是大部分南流江流域红色历史文化资源融入课堂教学的方式是通过教师的讲述和多媒体课件的展示，探究式学习不足（见第 5 题）；二是学校对于南流江流域红色历史的专门性课程开设不足，对于南流江流域红色历史文化资源的开发程度还有待加深（见第 6 题）。

影响部分历史教师对南流江流域红色历史文化资源开发利用的因素，与教师本身和学校有关。从教师本身来看，部分历史教师缺乏对南流江流域红色历史文化资源的系统认识。教师作为课堂的主导者，若对南流江流域红色历史文化资源了解不全，便不好把握教材，无法灵活整合南流江流域红色历史文化资源进行教学。从学校的角度来看，南流江流域红色历史文化资源作为当地的乡土资源，学校还需要加强对其的重视程度，如对历史教师进行相关的讲座培训，帮助历史教师系统地认识南流江流域红色历史文化资源；同时，重视对历史教师的技能培训，帮助历史教师不断地更新教学观念，整合多种教学方式进行教学，令南流江流域红色历史文化资源融入课堂教学的方式不再是简单的口头叙述，或是简要的图片展示，更多的是与历史教师设置的探究式学习结合，以达到培养学生自主学习能力、探究性学习能力的目的，从而涵养学生的核心素养。

三、课程思政视域下南流江流域红色历史文化资源的开发运用策略

（一）提高教师对红色历史文化资源的运用意识与能力

《普通高中历史课程标准（2017 年版 2020 年修订）》提出："在所有课程资源中，教师是起着主导性和决定性作用的因素。"[①] 而教师自身的专业水平、乡土知识素养对红色历史文化资源开发与运用的广度和深度，以及在课堂上的呈现效果，都有着重要的影响。由此可见，历史教师在课程

---

① 中华人民共和国教育部. 普通高中历史课程标准（2017 年版 2020 年修订）[M].
北京：人民教育出版社，2020.

思政中发挥着不可替代的作用。而教育过程是复杂的、不断变化的，因此需要教师不断提高对红色历史文化资源的运用意识与能力，在进行课程思政的教育中充分发挥历史教师的价值引领作用。

一方面，就教学的必要性而言，历史教师首先应具备比较完整的通史知识体系，在扎实的专业知识的基础上，才能更好地将地方的红色历史文化资源充分融入课堂教学中。"作为历史教师，没有充足的知识积累，就不可能使课堂闪耀思想的光芒，就无法引导学生感受历史的魅力，就难以温润教学机制，教学灵感也只能是无源之水。"① 红色历史文化资源包罗万象，形式繁杂多样，有革命历史人物、遗迹遗址等，是很好的课程思政资源。这相对于传统的课堂教学而言，对教师提出了更高的要求。充分挖掘红色历史文化资源并有效运用，需要教师积极加大自己的乡土历史知识储备量，提升开发运用红色历史文化资源的理论素养等。

另一方面，教师要掌握一定的发现、运用红色历史文化资源的能力，对其有一定的敏锐感，采用灵活多样的教学方法将南流江流域红色历史文化资源巧妙地融入课堂教学中。这也需要教师注意在平时多向一些教学经验丰富的优秀教师请教，或是听取一些名师大家的讲座，学习他们的教学技能及经验，自己再不断地磨合，形成一套独特的教学方式。教师还可以积极地关注相关领域的前沿动态、参加相关的理论指导培训、阅读相关的文献资料，提升自身开发运用红色历史文化资源的专业水平等。

（二）开发红色历史文化校本课程

教育部在 2021 年发布的《对十三届全国人大四次会议第 2710 号建议的答复》中提出："要结合学科特点，以有机融入为主，注重发挥综合育人效应。同时，鼓励中华优秀传统文化、革命传统教育资源丰富的地方，结合当地特色开发地方课程，拓展教育途径方式。"② 开发南流江流域红色历史文化校本课程，有助于学生了解当地的传统文化和革命传统，培养学

---

① 徐赐成. 历史教师素养论：基于历史教育实践过程的分析［M］. 北京：光明日报出版社，2020：28.
② 中华人民共和国教育部. 对十三届全国人大四次会议第 2710 号建议的答复［EB/OL］.（2022 - 06 - 28）. http://www. moe. gov. cn/jyb_ xxgk/xxgk_ jyta/jyta_ jiaocaiju/202201/t20220106_592682. html.

生的家国情怀，开展课程思政教育。

位于桂东南的南流江发源于广西北流市（县级市）的大容山，向南流经玉林市区和博白、浦北等县，最后到达合浦，流入北部湾。南流江不仅是古代著名的海上丝绸之路，而且在抗日战争时期还是大西南的一条重要运输通道，在历史上有着重要的地位。南流江流域红色历史文化资源包含桂东南抗日武装起义革命烈士纪念塔、柑子根红色教育基地、博白县革命烈士纪念馆、中共广西特委机关旧址及李明瑞俞作豫烈士纪念馆等，点燃了桂东南革命的星星之火。

因此，将当地的红色历史文化资源整合为校本课程，有利于让学生进一步认识在自己生长的这片土地上孕育的优秀文化传统和革命传统，帮助学生坚定文化自信、增强民族自豪感，激发爱乡、爱党、爱国之情，帮助学生树立正确的世界观、价值观、人生观。

<u>开发案例</u>

南流江流域红色历史文化校本课程

【开发背景】

2020 年 9 月，《教育部等八部门关于进一步激发中小学办学活力的若干意见》中提出："鼓励支持学校结合本地本校实际，办出特色、办出水平。强化学校课程实施主体责任，严格落实国家课程方案和课程标准，结合实际科学构建基于学校办学理念和特色的校本课程。"① 学校进行校本课程的开发，开展形式多样且适合学生身心发展规律的教育活动，有利于推动学生德智体美劳全面发展，落实立德树人根本任务。

【开发目的】

校本课程的开发以学生发展的需要为出发点，推动红色历史文化的传承。以南流江流域红色历史文化资源为校本课程，能让学生进一步认识南流江流域的乡土历史文化，传承家乡的优秀文化传统和革命文化，推进南流江流域的优秀文化传统和革命传统教育有机结合，激发学生对革命先烈

---

① 教育部等八部门关于进一步激发中小学办学活力的若干意见 [EB/OL].（2020 - 06 - 28）. http://www.moe.gov.cn/srcsite/A06/s3321/202009/t20200923_490107.html.

的敬畏之情、对家乡历史的自豪之情；还可以让学生通过参加丰富多彩的实践活动锻炼其实践探究等能力，从而形成自信乐观、积极进取的人生态度。

【课程编排】

主要将南流江流域红色历史文化的校本课程分为南流江及其流域历史沿革，革命遗址、遗迹，红色历史名人三个部分进行系统的介绍。

第一单元"南流江及其流域历史沿革"，介绍南流江的地理概况与历史沿革。南流江流域红色历史文化资源是中国共产党革命先辈们在革命道路前进过程中所留存下来的重要文化资源，内涵丰富且时间久远。

第二单元"南流江流域的革命遗址、遗迹"，简要概括南流江的革命遗址、名人故居、革命纪念馆（碑）等，让学生对南流江流域的革命遗址、遗迹有个大致的了解。再对典型的革命遗迹进行详细的学习，参观学习桂东南抗日武装起义革命烈士纪念塔、中共广西特委机关旧址及李明瑞俞作豫烈士纪念馆等一系列爱国主义教育基地。

第三单元"南流江流域红色历史名人"，主要介绍俞作豫、李明瑞、朱锡昂、陈子涛等历史人物，以讲述革命历史人物故事的方式拉近学生与历史之间的距离，让学生进一步认识革命英雄，培养学生向英雄致敬的意识，让学生感受时代所赋予他们的责任和使命。

（三）开展红色历史研学活动

走访历史遗址、博物馆、纪念馆等地，并通过对其进行调查和观察，可以为学生学习红色历史提供直接、形象的历史情境，让学生感受身边的红色历史。教师以各种形式创设不同的情境，如带领学生参观走访历史遗址、博物馆等，让学生通过查阅资料，亲自去观察、感受，进一步推动书本知识与生活经验的深度融合，深化学生对红色历史的认知。正如刘军在《历史教学的新视野》中提到的"实地考察往往能对历史旧址有整体的了解，可以掌握一些形象的材料"。[1]

---

① 刘军. 历史教学的新视野 [M]. 北京：高等教育出版社，2003：218.

教学设计

追寻红色足迹，传承红色基因

——玉林市××中学高一年级红色研学旅行

【活动背景】

2016 年 12 月，教育部等 11 部门印发的《关于推进中小学生研学旅行的意见》指出各地中小学应根据本地的具体情况，将研学考察融入学校教学方案中，并与综合实践活动课程相结合。开展研学旅行，有利于促进学生培育和践行社会主义核心价值观，激发学生对党、对国家、对人民的热爱之情；有利于推动全面实施素质教育，促进书本知识和生活经验的深度融合。①

2021 年 12 月，《国务院关于印发"十四五"旅游业发展规划的通知》中明确指出："推动研学实践活动发展，创建一批研学资源丰富、课程体系健全、活动特色鲜明、安全措施完善的研学实践活动基地，为中小学生有组织研学实践活动提供必要保障及支持。"② 学生通过参观南流江流域红色历史文化教育基地等方式，感受英雄先烈大无畏的革命精神，传承红色基因。

【研学主题】

追寻红色足迹，传承红色基因

【研学目标】

为进一步推动中小学红色历史文化教育课程，引导广大中小学生了解红色历史文化资源，学习先烈的革命精神。我校充分利用南流江流域红色历史文化资源对学生进行爱国主义教育，培养学生爱国、爱党、爱家乡的家国情怀，现组织高一年级部分学生前往桂东南抗日武装起义烈士纪念塔、玉林市博物馆参观学习。

【研学地点】

桂东南抗日武装起义烈士纪念塔、玉林市博物馆

---

① 读万卷书也要行万里路——教育部等 11 部门印发《关于推进中小学生研学旅行的意见》[EB/OL]. (2020 – 02 – 19). http://www. moe. gov. cn/jyb_ xwfb/gzdt_ gzdt/s5987/201612/t20161219_292360. html.

② 国务院关于印发"十四五"旅游业发展规划的通知［EB/OL］. (2020 – 01 – 20). http://www. gov. cn/zhengce/content/2022 – 01/20/content_5669468. htm.

【研学时间】

2022 年 5 月 28 日

【研学对象】

玉林市××中学高一年级学生

【前期准备】

（1）教师向学校提出研学活动申请。

（2）教师收集玉林市的桂东南抗日武装起义烈士纪念塔、玉林市博物馆等研学地点的相关材料，开发研学课程。

（3）提前联系车辆及研学点的讲解员，安排相关人员进行讲解。

（4）提前告知学生本次的研学主题及目标，分派研学任务，便于学生在考察过程中收集资料。

（5）确定参加本次研学的人数并分好小组，推选好小组长。

（6）出发前召开集会，提醒学生注意人身安全及纪律。

【行程安排】

（1）5 月 28 日周六早上 8：00 在学校门口集合，清点人数后出发。

（2）9：00 抵达桂东南抗日武装起义烈士纪念塔。

（3）9：10—12：00 讲解员讲解桂东南抗日武装起义烈士纪念塔的相关历史，参观桂东南抗日武装起义烈士纪念塔等，感受老一辈革命者艰苦奋斗、不怕牺牲的精神。

（4）12：00—14：30 休息，并前往玉林市博物馆。

（5）14：40—17：30 参观并听取讲解员讲解玉林市博物馆的相关情况，进一步了解家乡的历史。

（6）17：30 清点人数，返校。

【研学成果汇报】

（1）将研学期间收集的资料整理，可形成视频、课件 PPT 等形式，以小组为单位在班级作交流汇报。

（2）在研学活动结束一周后完成并上交一份活动心得或反思。

（3）本次研学见闻可参与近期"感恩党，跟党走"的红色经典大赛评比。活动竞赛作品形式包括：研学报告、视频、手抄报、黑板报、相片、知识竞赛等。

设计意图：此次"追寻红色足迹，传承红色基因"的研学活动，有助于学生将理论学习与社会现实相结合，通过课上、课外两种课堂相结合的教学模式，加强学生对南流江流域红色历史的了解，正所谓"读万卷书，行万里路"；同时，可以让学生深刻感受革命烈士不怕牺牲、英勇斗争的爱国主义精神，加强学生的家国情怀教育，以达到课程思政的目的。

（四）建设红色历史文化资源网络平台

南流江流域范围广，部分红色历史文化资源并不在市区或县城这些交通便利的地方，比如柑子根红色教育基地位于浦北县的农村地区等。受地理位置等因素的影响，大部分学生对南流江流域的部分红色历史文化资源的认识有限。因此，建设南流江流域红色历史文化资源网络平台，既有利于南流江流域红色历史文化资源的宣传和推广，也有利于实现其资源的整合与共享。

信息技术的不断发展，为历史课堂教学提出了更多的渠道，促进了网络资源平台的建设。网络媒体具有交互性、实效性和兼容性等特点，能有效扩大历史教学的覆盖面。首先，可以借助网络媒体建立健全南流江流域红色历史文化资源教育平台，以实现资源的整合和共享。南流江流域红色历史文化资源类型丰富，形式多样，可以将相关的革命图片、历史影像、红色歌曲、革命名人故事等分类整合汇集，形成相关的栏目等，将南流江流域红色历史文化资源汇聚成视、听、说为一体，能加强学生学习红色历史的体验感。其次，可以形成专门的南流江流域红色历史的相关课件专栏，为教师对学生进行家国情怀教育提供参考借鉴，方便各同行之间的相互交流学习。最后，还可以充分利用多媒体技术"云游"博物馆、名人故居等，将"数字化"与博物馆等深度融合，将博物馆里的展品运用虚拟技术形象地展示在"游客"面前，如同本人亲自到实地考察，充分利用视觉和听觉的双重效果来增强学生的内心体验感受，从而引发情感共鸣，达到培养家国情怀的教育目标，也达到课程思政的要求。

结　语

　　红色文化是课程思政的重要内容。"运用形象直观的教学手段和方法进行爱国主义教育是十分必要的。"① 中学历史课程将地方的红色文化融入课程实践，是实现"思政课"融入课程的有效路径。当前，南流江流域流经的市县越来越重视红色历史文化资源的开发运用，越来越多当地学校将南流江流域红色历史文化资源融入校本课程的开发，积极探索对南流江流域红色历史文化资源的利用、发扬、传承。结合本课题组调研和问卷的情况，笔者认为在实际的开发运用中，应注重从历史意义和当代价值两个方面深化对红色资源的研究，重点研究地方红色资源蕴含的精神境界和经验启示，用以观照现实和未来，发挥以史鉴今的重要作用，让地方红色资源"活起来"。同时，也应注重通过实地考察，如参观当地革命纪念馆、博物馆、阅读当地红色经典等手段，将课程思政融入中学历史教学，增强学生对红色文化的认识，达到培养学生家国情怀的教育目标。

---

① 魏茂峰，陈玛. 学生爱国主义的教育［M］. 合肥：安徽人民出版社，2012：34.

课程思政融入中学历史课堂的探索与研究

——以南宁市部分中学为例

林绮雯[*]

一、课程思政的内涵

　　针对"课程思政"理念的探究缘起于上海市有关高校。2014 年，以上海为试点城市，课程思政改革工作正式开启，其目的在于通过深度挖掘各学科内部的思政元素，将高校思想政治教育任务落实到每一位教师、每一门课程，以解决高校思政课长期存在的"孤岛"问题。2017 年，"课程思政"理念被正式提出，并于 2018 年在全国推广实践。[①]随着相关通知、文件的出台，课程思政理念得到广大教育工作者的重视，不仅是各大高校，甚至越来越多的中小学校也开始了实践课程思政理念的探索之路。

　　课程思政的兴起并不意味着对思政课程的简单重复，也不代表思政课程即将"退居二线"，思政课程仍然是教学过程中进行思政教育的主阵地。高德毅等人表示课程思政的实质是以润物无声的方式将思想政治教育融入

＊　林绮雯，广西民族大学民族学与社会学学院 2022 级学科教学（历史）专业硕士研究生。

①　中共教育部党组关于印发《高校思想政治工作质量提升工程实施纲要》的通知（教党〔2017〕62 号）[EB/OL].（2017 - 12 - 15）[2023 - 05 - 30]. http://www.moe.gov.cn/srcsite/A12/s7060/201712/t20171206_320698.html.

课程教学和改革的各环节、各方面，最终实现立德树人的教育目标。① "润物无声"反映出课程思政具有内隐性，它的出现正好是对显性的思政课程理论性、复杂性等一些容易降低学生学习热情的特征的有力补充。课程思政与思政课程相辅相成，同向同行，将全员育人、全过程育人、全课程育人贯彻到底，在更高标准、更高水平、更高质量的层级上共同促进立德树人的实现。

二、课程思政融入中学历史课堂的必要性

（一）时代要求

伴随着中国特色社会主义新时代的到来，我国教育也迎来了由高速发展向高质量发展的历史性转变。然而，在教育教学中起到思想引领作用的传统思政课程却面临着被边缘化的困境。2016年，在全国高校思想政治工作会议上，习近平总书记指出："要坚持把立德树人作为中心环节，把思想政治工作贯穿教育教学全过程，实现全程育人、全方位育人，努力开创我国高等教育事业发展新局面。"② 2017年，中共中央、国务院发布《关于加强和改进新形势下高校思想政治工作的意见》，指出加强和改进高校思想政治工作的5大基本原则，明确要求坚持全员全过程全方位育人，把思想价值引领贯穿教育教学全过程和各环节。③ "三全育人"理念无疑是打破传统思政课"孤岛"困境的时代良方，课程思政在此背景下应运而生，是全面落实"三全育人"理念的具体措施，是促进人才培养体系高质量发展的重要一环。尽管当前针对"三全育人"理念的研究和实践都相对集中于高校领域，但随着课程思政走进中学课堂，三全育人理念必然与之同向同行。

---

① 高德毅，宗爱东. 从思政课程到课程思政：从战略高度构建高校思想政治教育课程体系 [J]. 中国高等教育，2017（1）：43-46.

② 姜波，李丽君. 三全育人视域高校"思政课程"到"课程思政"转变的路径探析 [J]. 教育现代化，2019，6（57）：260-262.

③ 中共中央 国务院印发《关于加强和改进新形势下高校思想政治工作的意见》[EB/OL].（2017-02-27）[2023-04-08]. http://www.gov.cn/xinwen/2017-02/27/content_5182502.htm.

（二）学科发展

近年来，对学科渗透、学科融合等问题的探究从未缺席。当前，为了更好地促进学生的全面发展，综合课程受到越来越多的重视，跨学科主题学习成为初中教育教学改革的重要组成部分。《义务教育历史课程标准（2022 年版）》在课程内容上除了中国古代史、中国近代史、中国现代史、世界古代史、世界近代史、世界现代史六个板块外，还在此基础上增设了跨学科主题学习以加强学生运用多学科知识与技能进行综合探究的能力。①高中历史教学仍以分科课程为主，但在新课改及新高考的双重背景下，高考历史逐渐显现跨学科命题趋势。可以预见，为了适应新时代人才培养的需要，历史课程综合化发展已成不可逆转之势。

课程思政理念虽然是以推动思想政治教育高质量发展为出发点和落脚点，但其与历史课程综合化发展方向相融相通。在共同追求立德树人的大背景下，跨学科主题学习是顺应时代的育人新要求，是实现学生全面发展目标的积极探索，更是中学历史教学过程中实现课程思政的路径之一。

（三）学情驱动

中学生，特别是高中生，正处于身心发展的关键时期，同时也是他们世界观、价值观、人生观的初步构建和定向定型时期，具有可塑性强、易受影响等特点。青年是民族、国家的未来，教育是民族振兴、社会进步、国家富强的重要基石。为了避免中学生受不良、不实信息的消极影响，甚至迷失自我，各科教师都应当秉持课程思政理念，在教学与生活中对学生进行科学的思想政治教育，并引导学生形成正确的价值取向。因此，基于中学生身心发展规律考量，课程思政宜早不宜迟，由最初只在高等教育中实践到如今逐渐前置，走进中学课堂，是必要的，也是必需的。

---

① 参见中华人民共和国教育部. 义务教育历史课程标准（2022 年版）［S］. 北京：北京师范大学出版社，2022：9 - 51.

三、课程思政与中学历史课堂的结合点

（一）课程标准层面

《普通高中历史课程标准（2017 年版 2020 年修订）》（以下简称"新课标"）将注重学生思想导向摆在了突出的位置，尤其强调学生的认同感。作为指导历史课程实施的纲领性文件，新课标的多次强调在一定程度上说明历史课堂应当将引导学生形成正确的思想价值观视为重要任务之一。①

此外，新课标凝练了历史学科五大核心素养，集中体现中学历史课程的育人价值，在进一步整合三维目标的基础之上，对学生学习历史课程后应当达到的正确价值观、必备品格和关键能力提出明确要求。② 只有五大核心素养切实落地了，正确价值观和必备品格才能随之建成。正确的价值观即学生能够认同、内化、践行社会主义核心价值观，这是一位合格的社会主义事业的建设者和接班人必须具备的思想基础；必备品格不仅要求学生形成健全的人格、养成良好的道德品质、确立积极进取的人生态度，还要求学生在思想政治上跟随国家的步伐，树立四个自信。历史学科五大核心素养向我们充分展示了历史学科中所蕴含的思想政治教育价值，为课程思政融入中学历史课堂提供切入点。

（二）课程内容层面——以《中外历史纲要（上）》为例

历史作为一门综合性较强的学科，关涉政治、文化、经济、社会、思想等各方面的内容。这样得天独厚的优势进一步促进历史与思政的交叉渗透，也使中学历史课堂成为课程思政理念实施的重要阵地。为了深度挖掘中学历史课程内容中的思政元素，笔者将抛砖引玉，以《中外历史纲要（上）》为例，细数历史教材中的思政映射点。

---

① 庞立维. 高中统编教材《中外历史纲要》（上）中课程思政教学研究 [D]. 阜阳：阜阳师范大学，2022.

② 教育部. 普通高中历史课程标准（2017 年版 2020 年修订）[S]. 北京：人民教育出版社，2020：4.

1. 在中华优秀传统文化土壤中萌发文化自信

2016 年，习近平总书记在哲学社会科学工作座谈会上强调："坚定中国特色社会主义道路自信、理论自信、制度自信，说到底是要坚定文化自信，文化自信是更基本、更深沉、更持久的力量。"[①] 文化自信从何而来？五千年悠久历史孕育出的中华优秀传统文化便是答案。《中外历史纲要（上）》涵盖了历史文化名人 170 余位，科技、文学类著作 80 余部，重大发明创造 50 余项，艺术作品 40 余件，承载着中华优秀传统文化所包含的核心思想理念、传统美德和人文精神。[②] 中华优秀传统文化是培育文化自信的深厚土壤，教师应当在课堂中深入挖掘相关内容，让中华优秀传统文化如春风细雨般浸润学生的心灵，让学生对自己国家的文化产生认同感，树立文化自信，成为优秀传统文化的保护者和传承者。

2. 从四史教育中凝练四个自信

所谓"四史"，包括中国共产党创业史、中华人民共和国探索史、改革开放实践史和科学社会主义发展史。《中外历史纲要（上）》用了整整四个单元共九课的篇幅来阐述四史教育的大部分内容，涉及世界史的部分在《中外历史纲要（下）》中亦有补充。纵观四史，我们不难发现中国共产党的领导和实践贯穿始终。"历史是最好的教科书，也是最好的清醒剂。"[③] 学习四史，对正处于价值观念形成的关键节点的中学生而言，既有助于培养他们的历史学科核心素养，也是落实立德树人的根本任务、树立四个自信的必然要求。学科核心素养的形成与思想政治教育并行不悖，这也是课程思政能够很好融入中学历史课堂的一大印证。

3. 由民族团结教育到"家国情怀"核心素养

《中外历史纲要（上）》一至四单元的主线是统一多民族国家的建立、

① 习近平. 在哲学社会科学工作座谈会上的讲话［N］. 人民日报，2016 – 05 – 19（2）.

② 陈辉. 国家认同建构视角下的统编高中历史教科书述论——以《中外历史纲要》（上册）为例［J］. 天津师范大学学报（基础教育版），2020，21（1）：1 – 6.

③ 习近平. 在纪念全民族抗战爆发七十七周年仪式上的讲话［N］. 人民日报，2014 – 07 – 08（2）.

巩固和发展，其中还专设一单元讲述辽夏金元等少数民族政权的突出贡献。特别值得注意的是，当前初高中课标、教材都以"民族交融"一词代替"民族融合"，词语的更新着重体现了各民族在尊重差异的基础上，互相吸收优秀成果，在交往交流交融中共同建设家园的精神内核。从统一多民族国家，到抗日战争时期的全民族抗战，再到现如今的民族区域自治制度，各族人民在漫长岁月中不断交融互鉴，最终汇成指向中华民族多元一体的历史脉络。民族团结教育既是培养学生形成正确价值观的基本内容，也是达成"爱国情怀"核心素养的路径之一。①

四、课程思政融入南宁市中学课堂现状分析

根据古德莱德的课程层次理论，课程被分为理想的课程、正式的课程、领悟的课程、运作的课程和经验的课程。教师是课堂的主导者，课程首先经由教师的理解和加工进而在课堂上传递给学生，因此教师领会的课程最为重要。为进一步深入了解课程思政融入南宁市中学历史课堂的情况，本研究以南宁市中学历史教师为调查对象，通过发放线上调查问卷的方式展开调查。本次共发放调查问卷 90 份，回收有效问卷 88 份，有效率为 97.8%。

（一）教师对"课程思政"的认知状况分析

调查结果显示：仅 21.59% 的教师十分了解"课程思政"，并且已经在历史课堂中实践过；44.32% 的教师只是了解"课程思政"的内涵，但并未真正实践过，26.14% 的教师处于"只是听说"状态；另有7.95% 的教师完全不了解。在从哪个渠道了解到课程思政理念的问题上，绝大多数教师是通过网络媒体、阅读有关文件或同事了解到课程思政，仅有 12.5% 的教师是由学校会议了解，说明学校对课程思政的重视程度有待提高（图 1）。

---

① 陈辉. 国家认同建构视角下的统编高中历史教科书述论——以《中外历史纲要》（上册）为例 [J]. 天津师范大学学报（基础教育版），2020，21（1）：1-6.

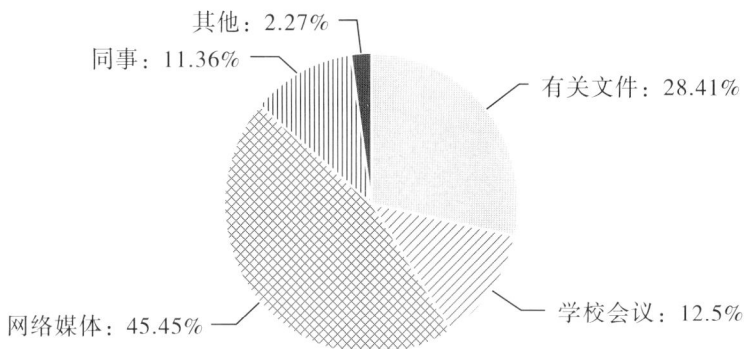

图 1　教师了解课程思政的渠道构成

（二）教师对"课程思政"融入中学历史课堂的态度分析

教师的重视是课程思政能够顺利实施的基本前提之一。从图 2 可以看出，在课程思政融入中学历史课堂是否重要的问题上，97.73% 的教师认为课程思政引入历史课堂有不同程度的重要性。同时，在本次调查中有 98.86% 的教师表示课程思政对中学生身心发展有重要或一定影响。由此可知，南宁市中学历史教师对课程思政的重要性有较为准确的认识，这有助于课程思政理念的实施与开展。

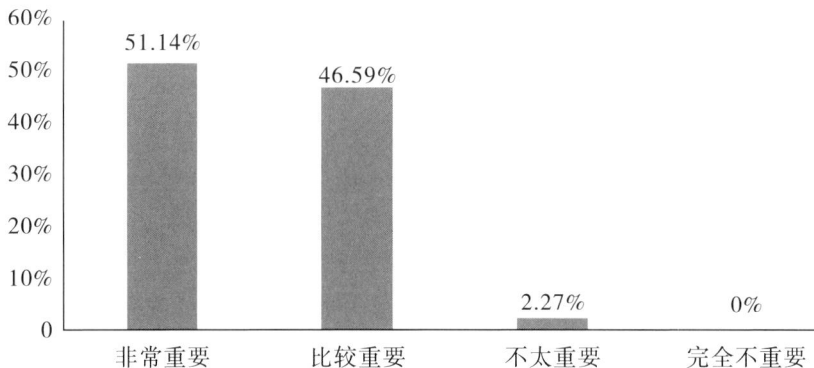

图 2　教师认为课程思政的重要程度

（三）南宁市中学历史课堂开展课程思政现状及问题分析

由图3可知，在"您认为当前中学历史课堂与课程思政的融合程度高吗?"这个问题上，各位教师的选择按比例由高到低为：一般高（45.45%）；比较高（32.95%）；不是很高（21.59%）。课程思政理念能否较好地与中学历史课堂进行深度融合，很大程度上取决于教师对教材内容的处理。充分理解"课程思政"内涵并将其付诸实践的教师，他的课堂上二者的融合程度自然较高；反之则不然。在这个问题上教师选择的参差不齐，恰恰说明课程思政理念还未能彻底走进中学历史课堂。

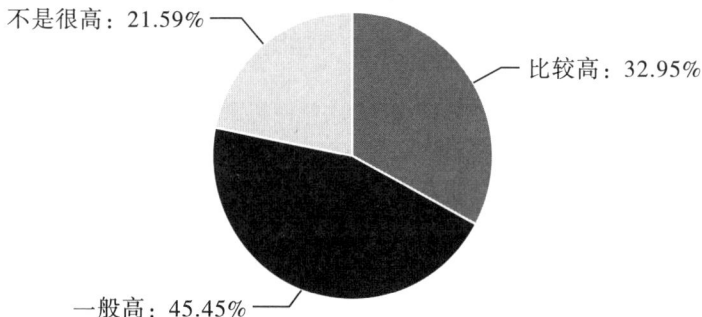

图3　课程思政与中学历史课堂融合程度

由表1可知，在中学历史课堂落实课程思政理念的过程中，"播放相关视频""教师讲授""引入乡土资源""进行研学"这四种方式都普遍获得了教师们的认同。首先，讲授法是其他一切教学方法的基础，教师的语言艺术能让课程思政与中学历史课堂融合得更为自然；其次，适度地在课堂上播放相关纪录片等影像，能活跃课堂气氛，还能为学生在历史与现实之间搭起一座桥梁；最后，引入乡土资源或进行研学也不失为结合二者的好办法。在广西南宁就存在着许多红色文化基地，在这片土地上也发生过很多令人潸然泪下的故事，教师在课堂中不应该忽略这些就在学生身边的素材。还有一位教师在问卷中提出可以采用布置特色作业的方式落实课程思政理念。

表1　中学历史课堂中落实课程思政理念的方式

选项	人数	比例
播放相关视频	65	73.86%
教师讲授	68	77.27%
引入乡土资源	57	64.77%
进行研学，如实地参观红色基地	68	77.27%
其他	1	1.14%

由表2可知，在落实课程思政理念的过程中，教师们也遇到了一些问题。在思想层面，绝大多数教师（76.14%）担心在历史课堂中加入思政元素会耽误教学进度，这或许是课程思政理念未能在中学历史课堂广泛实践的原因之一。至于到了真正的实施环节，有71.59%的教师表示不知道如何将二者有机结合，60.23%的教师表示找不到思政映射点，另有32.95%的教师可能由于缺乏经费支持或相关培训等导致想法落实受挫，最终不了了之。

表2　教师落实课程思政理念过程中遇到的困难

选项	人数	比例
找不到思政映射点	53	60.23%
不知道如何将历史与思政元素结合	63	71.59%
担心耽误教学进度	67	76.14%
想法落实受挫	29	32.95%
其他	1	1.14%

五、课程思政融入中学历史课堂的问题与解决策略

基于问卷调查所了解到的南宁市中学历史课堂开展课程思政的情况，现针对调查结果中暴露出的几个问题，提供对应的解决策略，以期推动课程思政更好地融入南宁市中学历史课堂。

（一）学校提高重视程度，做好统筹支撑

一个好理念能够得以推行，其中离不开学校的统筹与支撑。由调查结

果可知，学校层面对课程思政理念的重视度不足，仅有一小部分的教师是通过学校会议了解到课程思政。此时，学校必须顺应时代对人才要求的变化而及时作出反应，积极促进课程思政理念在本校落地生根，成为教师们开展课程思政的强大支撑。

首先，学校可以从驱动和评估两个维度着手：一方面通过设置奖励办法正向激励教师自觉主动地在教学中融入课程思政；另一方面将其纳入评估考核标准，推动课程思政建设制度化发展。① 其次，学校应当给予教师必要的技术支持、设备支持和资金支持。只有为教师搭建起一个好的舞台，才能保证教师的可持续成长和想法落实，如进行相关培训或提供学科教师优秀的示范课以供学习。最后，一位教师、一个班级的力量总归是小的，校方可以在全校范围内举办活动，将课堂延伸至课后，甚至是课外。2023 年 3 月 31 日，南宁市第三中学为贯彻学习党的二十大精神、缅怀革命先烈，组织了初一年级师生代表前往广西烈士陵园开展祭奠先烈活动。同时，历史老师为在场师生讲述革命先驱朱锡昂的故事。② 此情此景正是课程思政与中学历史教学深度融合、历史与现实激情碰撞的生动体现和优秀范例。

总之，只有学校先将课程思政理念重视起来，并起到带头作用，才能更好地为课程思政融入中学历史教学开辟道路。

（二）教师立足教材，优化教学过程

虽然从调查结果上看南宁市中学的历史教师们对课程思政的重要性普遍持有相对准确的认识，但实际课堂中二者的融合程度却因教师而异。一线教师作为落实课程思政的主力军，应当及时跟上时代发展的步伐，加强自我建设以具备课程思政意识、素养与能力，明确"立德树人"的根本任务，主动将思政教育引入中学历史课堂，在历史学科核心素养和课程思政的双重指导下立足教材，优化教学过程。正如盐溶于各种食物而被人体自

---

① 娄淑华，马超. 新时代课程思政建设的焦点目标、难点问题及着力方向 [J]. 新疆师范大学学报（哲学社会科学版），2021，42（5）：96 – 104.

② 南宁三中初中部青秀校区. 缅怀革命烈士 争做时代新人——南宁三中初中部青秀校区开展烈士陵园祭奠先烈活动 [EB/OL]. （2023 – 04 – 03）[2023 – 04 – 08]. https://mp.weixin.qq.com/s/UXQWHNJQ2qiNbW8Zk0xJOw.

然而然吸收一般，思政教育也将在专业历史知识与思政元素的有机结合中化有形的思政课程于无形的课程思政，助力学生全面发展。

1. 丰富课堂导入方式

精彩的导入是一节成功的课必不可少的环节，同样也是连接课程思政的重要路径之一。除了我们熟知的视频导入以外，教师应当大胆尝试不同的导入方式以达到与课程思政成功取得链接的目的。如在讲授八年级下册《土地改革》一课时，教师可以使用"广西省土地改革纪念章"作为导入，通过引导学生观察纪念章中包含的元素和人物身份，设置疑问，激发学生的学习兴趣，并在课末首尾呼应，揭示纪念章上的人物是当年来广西参加土改工作的知识分子，同时展示广西土改博物馆中列出的"广西省土改工作团二团主要成员名单"，让学生在学习历史知识的同时切实体悟中国共产党全心全意为人民服务的宗旨。

2. 合理使用数字化资源，生成智慧课堂

随着"互联网＋教育"的不断发展，历史课堂逐渐打破时间和空间的限制，形成以开放交互为特色的智慧教学模式，如将线上慕课任务点和线下讲授、讨论相结合，通过平板、交互式白板等多媒体设施生成信息化课堂。在互联网时代，课程思政融入中学历史教学不可避免地要以数字化资源为媒介。教师之间可以共同合作，依托线上平台，打造校本课程，如制作壮族"三月三"数据库，通过师生共建共享数字化资源，使学生形成对传统文化和本土文化的认同感和归属感。①

3. 创设社会情境

学习历史的作用之一即希望学生能够将历史和现实紧密结合，从历史的角度关心现实所发生的事情，并运用历史思维和能力加以解决。因此，教师可以在课堂中创设社会情境，引导学生以历史的眼光对时事热点进行考察。如在讲授《中外历史纲要（上）》第29课《改革开放以来的巨大成就》时，教师可以适当补充党的二十大的内容以加强学生对时事热点的关注和了解。从这个角度看，课程思政与中学历史课堂实为互补：一方面，中学历史教材中蕴含丰富的思政元素，是落实课程思政理念的天然土壤；

---

① 朱冉冉. 广西非遗数字化资源在本土初中历史教学中的应用探讨 [D]. 南宁：南宁师范大学，2020.

另一方面，历史教师可以从时政中挖掘到许多素材，让历史课堂更具时代感，使中学历史教学引入课程思政发挥出1+1＞2的教学效果。

（三）运用乡土资源，开展红色研学

在本次问卷调查中，运用乡土资源是受到各位教师推崇的实践课程思政的方式之一，即乡土资源既能"引进来"，也能"走出去"。受课程设置、课时安排、学情考量等因素影响，"引进来"多适用于高中教学，"走出去"则较符合初中教学。

1. 高中部分——乡土资源"引进来"

表3以《中外历史纲要（上）》第七、八单元为例，尝试列举各课中存在能够引入高中历史课堂的思政映射点和乡土资源结合点。

表3　课程思政融入高中历史课堂设计安排表

授课章节	教学目的	思政映射点	乡土资源融入点
第21课《五四运动与中国共产党的诞生》	学生通过学习五四爱国运动和国民革命运动的相关史实，认识中国共产党诞生对中国革命的深远影响	伟大建党精神、五四精神、群众路线、红船精神、革命精神	中国共产党广西地方组织建立和国共合作在广西的实现
第22课《南京国民政府的统治和中国共产党开辟新道路》	学生通过学习南京国民政府的建立和工农武装割据理论的基本内容，认识中国共产党开辟新道路、红军长征和遵义会议的历史意义	井冈山精神、长征精神、革命精神、坚决拥护党的领导	百色起义；龙州起义；李明瑞韦拔群烈士碑园
第23课《从局部抗战到全面抗战》	从抗日民族统一战线的形成中认识到中国共产党是全民族团结抗战的中流砥柱	爱国精神、民族精神、抗战精神、历史使命感和责任感	广西抗日民族统一战线的建立

（续上表）

授课章节	教学目的	思政映射点	乡土资源融入点
第 24 课《全民族浴血奋战与抗日战争的胜利》	学生能够结合正面战场和敌后战场的相关史实，理解国共合作的意义，理解抗日战争胜利的历史意义，感受革命先烈英勇不屈的精神	人民的力量、民族团结教育、爱国主义教育	桂林抗日救亡文化运动、广西学生军抗日烈士纪念碑
第 25 课《人民解放战争》	学生了解全面内战爆发和人民解放战争的进程，能够根据史料分析国民党政权在大陆覆亡的原因，理解党的领导是革命胜利的关键	中华民族伟大复兴、四个自信、军民团结、党的领导是中国革命胜利的关键	广西战役和广西解放、广西烈士纪念馆、纪录片《红色传奇》

2. 初中部分——研学活动"走出去"

将研学活动与当地实际情况相结合，并纳入初中教育教学计划，是当前的主要任务之一。乡土资源既能作为教师课堂上"引进来"的材料补充，同时也是带领学生"走出去"开展研学活动的育人素材。2023 年 3 月 5 日上午，南宁市第四中学 2022 级部分学生在广西壮族自治区博物馆开展主题研学活动，共经历"广西古代文明陈列""合浦启航""釉彩斑斓""历史小剧场"四站。通过这次党团共建的研学活动，学生对脚下的这片土地有了更为全面的理解，对共产党人不畏艰难、甘于奉献的精神有了更加深刻的领悟。① 无独有偶，南宁市第二中学依托地理位置，以"认识和传承地方历史文化"为核心问题在南宁历史文化资源相对集中的三街两巷开展跨学科项目式学习，结合实地调查、采访、搜寻史料、汇报展示等多种形式，使学生通过学习和体验，认识到如何保护和传承地方历史文化。有学生表示，希望可以多参加这样的研学活动，既能感受邕城独特的历史

---

① 南宁市第四中学. 快乐于行研学于心——记南宁四中民主校区广西壮族自治区博物馆研学之旅［EB/OL］.（2023－03－07）［2023－04－08］. https://mp.weixin.qq.com/s/aG1an7ypEeTdz5hNgwX9pw.

文化底蕴，又能成为邕城文化的保护者和传承者。①

（四）选必结合，丰富课后活动

必修课程以培养学生基本素养和能力为主，选修课则是在必修课的基础上，鼓励学生充分发挥主观能动性，进一步展开深入的学习和思考。南宁市新民中学认为历史教学与思政教育是相辅相成的关系，前者使后者更具象化，而后者让前者更具延展性，并以此为依据开设基于历史教学的德育系列选修课程，包括校史、地方史、著名历史人物三大系列，通过选必结合的学习模式，培植学生对校园、家乡、祖国的深厚情怀和对社会及国家的责任感与使命感。②

除了由教师主导的以选修课为基本形式的活动之外，我们还必须重视由学生组织操办、教师辅助的各大兴趣社团的作用。鼓励社团在不影响学生学业的情况下积极举办活动，如对接博物馆进行义务讲解等，以学生自发的形式，进一步促进课程思政与中学历史课堂的深度融合。

结　语

在时代要求、学科发展、学情驱动三方作用下，课程思政由高等教育逐渐向中等教育渗透，蕴含丰富思政资源的历史课堂义不容辞地成为课程思政落地生根的天然土壤。然而如何将二者有机结合，使课程思政更好地融入中学历史课堂，是一个仍在摸索的问题。

本文以南宁市部分中学的历史教师为研究对象展开问卷调查，了解到当前不少教师对课程思政已经有了相当程度的认识并且在课堂中有所渗透；但也存在着一定的问题，如学校重视程度不够、缺少榜样示范、经费落实困难等。针对这些问题，本文给出建议：首先，学校要提高重视程

---

① 广西教育研究院. 2023 年"八桂大讲堂"高中历史网络教研活动 ［EB/OL］.（2023 - 03 - 28）［2023 - 04 - 13］. https://gxwljy. gxeduyun. edu. cn/a/#/activity/162858421619 7332992.

② 廖碧霞. 基于历史核心素养的初中班本德育课程开发策略 ［J］. 天津教育，2022 （9）：46 - 48.

度，加大宣传力度，做好一切工作的统筹支撑；其次，教师在立足教材的基础上，要有引入课程思政的主动性，在历史学科核心素养和课程思政的双重指导下努力优化教学过程；最后，各方都应积极调动各项资源，通过丰富多变的形式进一步促进课程思政与中学历史课堂的深度融合。